IL BULLO DI NOME FREDDIE

di

Luigina Lorenzi Zago

Gruppo Editoriale WritersEditor
www.gruppowriterseditor.it
direzione@gruppowriterseditor.it

Indice

Capitolo I	I genitori di Viviana Lodi
Capitolo II	Viviana
Capitolo III	Aldo Giori
Capitolo IV	Alfredo inizia la scuola materna
Capitolo V	Freddie frequenta il liceo
Capitolo VI	Nina Reda
Capitolo VII	Alfredo deve curarsi

In rete esistono provocazioni conosciute anche come "trolling" dai commenti a volte molto pesanti e riferiti al sessismo. Queste provocazioni molto spesso riescono a procurare sofferenze e in alcuni casi a disturbare la personalità del soggetto preso di mira. Il disturbatore si diverte a colpire dei giovani della sua stessa età, agendo sulle loro insicurezze generate dal fatto che il loro carattere è in via di formazione proprio per il motivo che sono ancora nella fase adolescenziale. Le ragazze vittime di aggettivi volgari a sfondo sessuale, provano vergogna e ansie vere e proprie che possono poi sfociare in malesseri anche gravi. Gli adolescenti diventati bersagli dei cosiddetti cyberbulli, subiscono dei veri e propri traumi e quindi hanno bisogno di essere seguiti e curati. Buona parte degli adolescenti sono stati prede di bulli con episodi di violenze verbali e fisiche, discriminazioni ed anche sexting. In un momento in cui relazionarsi con gli altri coetanei diventa sempre più difficile, gli adolescenti con la convinzione che chattando su internet sia più facile conoscere una persona valida, spesso cadono nella rete dei cyberbulli. I bulli o i cyberbulli, sovente hanno alle spalle situazioni familiari difficili.

Quel mattino, nell'aria aleggiava un leggero profumo di fiori di campo. La natura si stava risvegliando dal lungo letargo invernale e piano piano stava cedendo il passo alla primavera, fonte di rinascita di ogni cosa e anche dei pensieri. Non tutti però avrebbero gioito di quel profumo di fiori, delle esplosioni di colori o di tutte le implicazioni anche romantiche che quel cambio stagionale riusciva a produrre nella psiche umana. Quel triste mattino, sul marciapiede di un quartiere di Grosseto, giaceva il corpo esanime di una ragazza. Costei, si era lanciata dal balcone piombando pesantemente al suolo. Dallo squarcio nel cranio, il sangue era schizzato via copioso, allargandosi in una grande chiazza, che aveva colorato di rosso vivo, quel pezzo di marciapiede grigio. Il corpo era piombato a terra con un tonfo sordo. Una donna nel vedere quella ragazza cadere dal balcone, urlò portando entrambe le mani alla bocca; un'altra signora svenne, mentre un uomo con il cellulare, chiamò i mezzi di soccorso. Alcune persone erano accorse accanto a quella giovane stesa a terra. Un tizio si chinò sulla ragazza, scosse tristemente il capo e in tono mesto, esclamò: «È morta! Copriamola con un telo, affinché i bambini che stanno per uscire da scuola, non si spaventino; ma anche per un senso di rispetto nei confronti di questa poverina»

Una donna che abitava nello stabile a fianco, entrò nel portone, salì le scale e una volta all'interno del proprio alloggio, prelevò un lenzuolo in cotone con una stampa a fiori. Senza perdere tempo ulteriore, la donna uscì dall'appartamento e ridiscese velocemente la rampa di scale. Una volta all'aperto, la signora porse a quel tizio coraggioso che s'era avvicinato per primo alla ragazza, il lenzuolo a fiori affinché ne coprisse il corpo. Un'altra donna ad alta voce disse: «Io la conoscevo, una così brava ragazza! Cosa le sarà successo? I suoi genitori a quest'ora, sono sicuramente al lavoro. Poverini, non vorrei proprio "vestire" i loro panni!»

Un'altra signora alzò gli occhi verso la facciata della casa e additando i balconi, commentò: «Avrà perso l'equilibrio. L'ho sempre detto che le balaustre di questi balconi sono troppo basse, ma nessuno mi ha mai dato retta ed ora guardate cos'è successo!»

Un tizio ad alta voce ribatté: «Bando alle ciance, qualcuno di voi, per caso, ha il numero di telefono dei genitori della ragazza?»

Una donna, in preda alla commozione, rispose: «Poveri genitori! Purtroppo, il loro numero non ce l'ho. Bisognerebbe telefonare all'amministratore dello stabile, affinché provveda ad avvisarli di quanto è successo!» In quel preciso momento, il suono della sirena dell'ambulanza squarciò l'aria e avvicinandosi al luogo in cui era avvenuto il fatto, divise in due la folla che si era formata lì attorno. Dall'ambulanza scesero gli addetti e un medico; quest'ultimo, capì immediatamente che la ragazza era già passata a miglior vita. Uno dei barellieri, telefonò immediatamente al comando di polizia del quartiere e all'agente che rispose, spiegò ciò che era successo. Dopo pochi minuti, arrivarono sul posto il questore, l'ispettore di polizia, il procuratore legale e un furgone di infortunistica legale che s'occupava del trasporto delle salme in obitorio.

Molti anni prima...

Capitolo I

I GENITORI DI VIVIANA LODI

I genitori di Viviana erano già in crisi prima che lei venisse al mondo. La madre Jessica, aveva fortemente voluto un figlio per colmare i vuoti della propria vita coniugale. Il marito Pietro era introverso di carattere e le poche parole che scambiava con la moglie erano spesso, assai banali. Allorché Pietro compì tre anni, la madre colta da forte depressione, decise di mandarlo in un collegio gestito da religiosi. Probabilmente fu proprio il collegio con quelle enormi stanze silenziose dove era vietato parlare a voce alta ma anche le regole ferree imposte ai ragazzi che soggiornavano lì, a trasformare Pietro Lodi in un individuo timido e introverso. Non potendo trascorrere l'infanzia in famiglia, ebbe come un blocco e crescendo diventò un adulto impacciato e sempre a disagio con gli altri. Jessica Noli conobbe Pietro durante una festa organizzata da comuni conoscenti. La ventiquattrenne, alta e scura di capelli, aveva un corpo sinuoso e al contrario di Pietro, parlava molto, scherzava con tutti e amava il ballo. I due iniziarono a frequentarsi e dopo un breve fidanzamento, si sposarono. Alla cerimonia nuziale, parteciparono parenti e amici della coppia. Al termine del pranzo, i due sposi partirono per l'Inghilterra. Qualche giorno dopo, al rientro, Jessica capì che quelle nozze erano state un errore madornale. L'uomo era sempre taciturno e la sera, quando i due coniugi sedevano a tavola per cena, era un vero mortorio. Jessica ne parlò alla madre e quest'ultima le diede un consiglio per sentire meno la solitudine.

«A mio parere, dovreste mettere in cantiere un figlio»

«Dici? Ma se siamo sposati soltanto da due mesi!»

«Beh, che vuol dire? Un figlio vivacizza qualsiasi unione, perché con tutti i problemi che crea, la coppia diventa più attiva»

«Mamma, veramente ho letto su un giornale che se la coppia è in crisi, un figlio potrebbe addirittura portare alla separazione»

«Balle! Un figlio è un dono del cielo; anche nella Bibbia, genesi 9, Dio dopo aver benedetto Noè gli disse: "Crescete, moltiplicatevi e riempite la terra". Io stessa rimpiango di non aver procreato più figli»

«Mamma e se invece, non dovesse funzionare?»

«Jessica ma che dici? Funzionerà senz'altro; in caso contrario, avrai sempre un figlio tutto tuo. Val, dunque, la pena di tentare, no?»

Jessica annuì e quella sera stessa mise in pratica il consiglio della madre. La donna si vestì in modo provocante e attese il ritorno di Pietro dal lavoro. Alle venti quando lui entrò in casa, restò colpito dal fatto che la moglie seminuda, fosse sdraiata sul divano.

«Pietro, finalmente!»

Lui le si avvicinò e la donna si alzò dal divano gettandogli le braccia al collo.

«Jessi non t'ho mai vista così, cos'hai?»

«Voglio fare l'amore con te»

«Ora?»

«Sì, ora! C'è qualcosa di strano?»

«No, anzi! Solo che dobbiamo cenare»

La donna, nell'udire che lui stava ragionando con lo stomaco e non con la passione, scosse la testa e alzò gli occhi al soffitto.

«Santo cielo! Sono qui mezza nuda e tu pensi alla cena? Andiamo di là in camera, senza perdere altro tempo!»

Lei iniziò a baciarlo con passione, mentre con le mani gli sbottonò la camicia sul petto e gli slacciò la cinghia dei pantaloni. Pietro gettò sul divano la cartella che aveva in mano, abbracciò la moglie e lentamente le sfilò la sottoveste in pizzo. Jessica rimase senza nulla addosso. A quel punto, lui la prese per mano e la condusse in camera da letto. Quel rapporto fisico durò cinque minuti e al termine, Pietro anziché restare nel letto abbracciato alla moglie, si alzò, si rivestì e con sguardo famelico, disse: «Mangiamo?»

Jessica si trattenne dal dire parolacce, indossò la vestaglietta, infilò le ciabatte e si diresse in cucina per riscaldare la cena. Due mesi dopo, scoprì di avere un ritardo nel ciclo mestruale pertanto comprò il kit per il test di gravidanza. Il mattino seguente, al risveglio, fece l'esame e quando l'astina si colorò di rosa, Jessica capì di essere incinta. Pietro stava facendo la doccia e la moglie eccitata per la novità, spalancò la porta in vetro del box e in preda ad una strana euforia, esclamò: «Amore, sai che c'è? Aspettiamo un figlio!»

«Coooosa? Dici davvero? Evviva!»

Lui chiuse il getto dell'acqua, indossò l'accappatoio, uscì dal box e l'abbracciò contento; subito dopo, si vestì, fece colazione e si recò al lavoro. Al termine dei nove mesi, dopo un travaglio di tre ore, Jessica mise al mondo una bella bambina di tre chilogrammi e mezzo. Quella neonata fu battezzata con il nome Viviana Lodi. Malgrado le parole pronunciate a suo tempo dalla madre di Jessica, la nascita della bambina, non apportò positività al loro rapporto. La moglie pensava che Pietro si sarebbe dedicato anima e corpo alla figlia; invece, dovette ricredersi. Quando lui tornava dal lavoro, anziché prendere in braccio la figlia, preferiva dedicarsi alla lettura di giornali. Se la figlia piangeva nella carrozzina, lui senza alzarsi dal divano, chiamava la moglie e a voce alta le diceva: «Jessi tua figlia ha fame!» oppure «Jessi la bambina è sveglia!»

Tra i due coniugi il rapporto non migliorò. Pietro rinfacciò più volte alla moglie, di occuparsi troppo della bambina e poco a lui; una sera discussero animatamente e Jessica tra le lacrime gli domandò: «Non è che per caso, sei geloso di Viviana?»

«No, ma che c'entra? Vorrei avere delle attenzioni in più»

«Mi stai accusando di trascurarti? Viviana è piccola e ha bisogno della sua mamma»

«Anch'io ho bisogno di te»

«Sì, ma è differente perché tu sei adulto»

«D'accordo, ma avrò diritto anch'io ad avere delle coccole, non credi? Da quanto tempo non facciamo più l'amore? Se m'avvicino, inventi sempre qualche scusa per non fare nulla»

«Dai, non dire così! Lo vedi anche tu a quante cose devo badare ogni giorno: la casa, la bambina con tutte le poppate e poi pranzi e cene da preparare. Non sono mica fatta di ferro!»

«Se è per questo, nemmeno io! Ti desidero, ma ogni volta che ti vengo vicino, mi scansi come se avessi la peste»

«Se non ho voglia di fare l'amore è perché sono troppo stanca; sarebbe diverso se tu mi dessi una mano in qualcosa o nel guardare la bambina. In questo caso, avrei più tempo da dedicarti»

«Uhm, scusa ma non ne sono del tutto convinto»

A quel punto, l'uomo senza attendere la risposta della

moglie, andò in camera da letto; si spogliò, indossò il pigiama, si coricò e s'addormentò di colpo. Jessica scoppiò a piangere. Viviana crebbe e si trasformò in un'adolescente molto carina. La ragazza alta, capelli lunghi castani e grandi occhi marroni, sviluppò un carattere introverso come il padre. La sera a cena, sembravano tre estranei seduti allo stesso tavolo; nessuno di loro parlava e quando Jessica domandava qualcosa, padre e figlia rispondevano a monosillabi. Dal canto suo, la donna sempre più scontenta del rapporto con il marito, non esitò a farsi corteggiare da un altro uomo. Jessica conobbe per caso, un certo Carmelo Anselli un artigiano che nella propria bottega, lavorava le pelli conciate, trasformandole in borse, portafogli, portachiavi e cinture di un certo livello. Un giorno, la donna entrò per caso nel negozio di Anselli con l'intento di curiosare.

«Buongiorno, posso dare uno sguardo agli articoli esposti nel suo negozio?»

«Certo!» rispose Carmelo.

Jessica si guardò attorno ed esclamò: «Quante belle cose!»

L'uomo lisciandosi i baffi, le si avvicinò dicendo: «Nulla di ciò che è esposto nella mia bottega, è però bello quanto lei!»

A quel complimento inaspettato, la donna arrossì vistosamente, sorridendo a quell'uomo di bell'aspetto, dai lunghi capelli castani raccolti a coda di cavallo che la stava squadrando con bramosia. Carmelo capì di aver fatto breccia nel cuore di quella sconosciuta.

«Certo che lei è proprio un adulatore!» rispose Jessica

L'uomo, come un rapace che sta per piombare sulla preda, le si avvicinò.

Jessica percepiva il respiro del negoziante sul collo. Lui annusò le note fruttate del profumo che la donna si era spruzzata a volontà dietro ai lobi e sui polsi. Carmelo le porse una borsa per mostrargliela e in quel frangente le loro dita si sfiorarono. Jessica a quel contatto, provò un brivido inatteso di piacere.

«Signora, questo zainetto sembra fatto apposta per lei; dietro a quella piglia c'è lo specchio, così può ammirare come le sta, portato in spalla»

Lei lo guardò in modo voglioso e in quel momento Carmelo capì che poteva approfittare della situazione. Jessica seguì l'uomo dietro la piglia, infilò le cinghie dello zainetto sulle spalle che lui le sistemò. La donna lo guardò attraverso lo specchio ed entrambi compresero che tra loro era scattata la molla del desiderio. Carmelo colto da raptus erotico, le baciò delicatamente il collo, mentre fece scivolare una mano sul seno della donna; quest'ultima si voltò e le loro bocche si unirono in un bacio pieno d'ardore. Le loro lingue si sfiorarono, s'incrociarono mentre lui le sciolse lo chignon e le accarezzò i capelli, il viso e le spalle. Carmelo la spinse contro lo specchio facendo aderire il proprio corpo eccitato contro quello di Jessica.

«Sei una bella femmina, voglio fare l'amore con te!» le sussurrò lui

Improvvisamente la porta del negozio s'aprì facendo tintinnare il campanellino posto sopra il battente. Un cliente era appena entrato per fare degli acquisti. Carmelo fece un cenno a Jessica di andare nel retro della bottega. L'uomo si aggiustò il colletto della camicia e con nonchalance, si avvicinò al cliente per consigliarlo su alcuni prodotti in vendita. Quando il tizio uscì dal negozio con il proprio acquisto, Jessica s'affacciò alla porta del retro. La donna aveva raccolto nuovamente i capelli e riabbottonato l'abito all'altezza dell'attaccatura del seno. Carmelo la prese per mano dicendo: «Noi due dobbiamo conoscerci un po' meglio, non credi?»

«Non saprei...»

«Quando ci possiamo rivedere?» incalzò lui

«Mah, non so; sono sposata e ho una figlia»

L'uomo, fece finta di non aver udito le sue parole e le propose un incontro.

«Lunedì mattina, il negozio è chiuso al pubblico; potremmo vederci qui per un caffè. Che te ne pare?»

Lei gli sorrise e rispose: «Va bene»

Carmelo annuì, poi precisò: «La serranda sarà a metà, ma se busserai sul vetro, ti aprirò all'istante la porta. Staremo tranquilli e nessuno ci disturberà. A proposito, il mio nome è Carmelo»

Lui le porse la mano, la donna la strinse tra le sue e rispose: «Io sono Jessica. Allora, a lunedì!»

Lui l'attirò a sé e la baciò di nuovo con passione. La donna uscì dal negozio eccitata per quell'approccio inaspettato. Pietro al rientro a casa dal lavoro, notò sul volto della moglie un'espressione radiosa che non vedeva più da diverso tempo.

«Jessi ti è successo qualcosa?»

Lei fece spallucce e con una smorfia delle labbra, rispose: «No, perché?»

«Mah, vedo una luce diversa nei tuoi occhi»

«Ti sbagli! Devo avere qualche linea di febbre, infatti non vedo l'ora di ficcarmi sotto le coperte»

Pietro non replicò e subito dopo aver cenato, si coricò aspettando l'arrivo a letto della moglie. Quando lei si stese sul letto, il marito fece delle avance, ma la donna, lo bloccò dicendo: «Che fai, allunghi la mano? Guarda che ho la febbre e potrei attaccarti l'influenza. Buonanotte!»

Di fronte a questo nuovo rifiuto di far l'amore, l'uomo abbozzò, si rigirò sul fianco e a fatica s'addormentò. Il giorno seguente, Jessica continuò a lamentarsi per l'influenza che la stava rendendo sfinita nel fisico e Pietro non osò fare altre avance amorose. Finalmente arrivò il lunedì. Quel mattino, appena il marito uscì per recarsi al lavoro, Jessica s'alzò dal letto ed iniziò a prepararsi con cura per l'incontro galante con Carmelo. La donna fece una doccia, quindi indossò reggiseno e slip color lavanda, una gonna di color marrone e una camicetta fantasia. Si truccò, infilò le calze velate autoreggenti e scarpe marroni in pelle. Afferrò la boccetta del profumo al gelsomino e si spruzzò l'essenza dietro le orecchie e sul collo. Jessica rimirò la propria immagine nel grande specchio della camera da letto e si compiacque per la scelta dell'abbigliamento. A quel punto, indossò il cappotto, afferrò la borsa e con l'aria sognante, uscì da casa. Alle nove in punto, la donna bussò al vetro del negozio di Carmelo; quest'ultimo le aprì subito la porta e lei entrò. L'uomo le prese una mano e l'appoggiò sul proprio cuore, dicendo: «Senti come batte forte? Sono emozionato e la contentezza di averti qui sta aumentando i battiti del mio cuore, anche perché ho avuto tanta paura che tu non venissi!»

Lei gli sorrise mettendo in mostra i denti bianchissimi e regolari.

«Ma che dici? Nel weekend ho pensato tanto a quest'incontro»

A quelle parole, lui l'abbracciò baciandola con passione. L'uomo chiuse a chiave la porta del negozio, poi la prese per mano e la condusse nel retro.

«Qui nessuno ci disturberà» esclamò lui

La donna annuì. Il retrobottega era grande e dotato di soppalco a cui si accedeva tramite una scala a pioli in ferro. All'interno della stanza, si respirava un intenso odore di pelli conciate che proveniva da alcuni lotti accatastati sugli scaffali del soppalco. In quella stanza, c'era un tavolo grande, pieno di attrezzi per trasformare le pelli in borse, portachiavi e altri oggetti; una macchina per cucire professionale e dei contenitori vari, pieni di fili e cordini. Ad una delle pareti, c'erano dei ganci a cui erano appesi i disegni che Carmelo doveva riprodurre sui pezzi in pelle conciata. Nel muro di fronte, c'era una cassettiera in ferro piena di minuterie come borchie, anelli e bottoni ricoperti in pelle, che servivano a rifinire gli oggetti. Infine nell'altro lato della stanza, c'erano la stufa, il fornello a gas per cucinare e a fianco una rete ad una piazza con un materasso e una coperta. Il gabinetto era nel cortile e vi si poteva accedere solo aprendo la porta in legno che normalmente era sempre chiusa a chiave.

«Questo è il mio regno; qui creo tutto quello che c'è di là, in negozio»

«Ooooh!»

L'uomo le indicò una sedia e vedendo che tremava, disse: «Jessica hai freddo?»

«Mmm, un po'»

«Allora alzo il termostato della stufa, così sentirai più calore»

Subito dopo, Carmelo le domandò: «Vuoi un caffè? Ho già preparato la moka»

«Sì, grazie!»

Carmelo accese la fiamma sotto la moka e preparò un vassoio

con due tazzine e la zuccheriera. Jessica si sfilò il cappotto che appese ad un gancio a muro. Il caffè iniziò a gorgogliare nella moka; l'uomo spense la fiamma, versò la bevanda nelle tazzine e portò il vassoio sul tavolo. Jessica prese una delle due tazzine e Carmelo con la zuccheriera in mano, le domandò: «Quanto zucchero?»

«Un cucchiaino scarso, grazie!»

L'uomo mise lo zucchero richiesto nella tazzina della donna, quindi, esclamò: «Io invece lo bevo amaro»

Subito dopo, incuriosito, iniziò ad informarsi sulla vita che Jessica conduceva.

«Hai una figlia, giusto?»

«Sì. Viviana ha tredici anni e frequenta la terza media con profitto; mia figlia è l'unica cosa bella del mio matrimonio»

«Uh, come mai?»

«Mio marito è di poche parole. Pochi giorni dopo le nozze, capii di aver fatto un errore, ma ormai era tardi per rimediare, così mia madre mi consigliò di mettere al mondo un figlio»

«Oh, bella! Perchè mai questa strana idea?»

«Mia madre, era convinta che un figlio avrebbe ravvivato il nostro rapporto, ma invece non è stato così. Lui è palloso, metodico e poco fantasioso in tutto. Insomma, un vero disastro!»

Carmelo posò la tazzina sul vassoio, afferrò tra le sue mani, quelle della donna ed esclamò: «Jessica ti do una bella notizia! Io sono libero e talmente fantasioso da renderti felice»

«Ma ci siamo appena conosciuti e di te non so praticamente nulla!»

«Il mio nome è Carmelo Anselli. Sono nato trent'anni fa, segno zodiacale scorpione, sono scapolo, lavoro e vivo qui in negozio. Ogni sabato sera, chiudo bottega e vado all'Alberese dove ho un piccolo alloggio. Non sono ricco, ma il mio lavoro mi garantisce buoni introiti»

«Un quadro perfetto!»

«Già, ma ora basta parlare! Voglio stringerti tra le braccia per farti sentire quanto ti desidero»

L'uomo la prese per mano facendola alzare dalla sedia e la condusse vicino alla rete; quindi, le sbottonò la camicetta, gliela sfilò per poi far scivolare a terra anche la gonna. L'uomo osservò il suo corpo con sguardo rapace ed accarezzandole il viso, esclamò: «Jessica sei uno schianto, una vera femmina!»

Lei gli sorrise e a sua volta gli sbottonò la camicia, gli slacciò la cinghia e subito dopo fece scorrere la zip dei jeans dell'uomo. Si stesero entrambi sulla brandina e si baciarono, mentre il desiderio di entrambi, crebbe a dismisura. Jessica ad occhi chiusi, pensò che per la prima volta in vita sua, stava giacendo accanto ad un uomo diverso dal marito, assaporando un desiderio nuovo, mai provato prima d'allora. Il gusto del proibito la eccitò. Carmelo si pose sopra il corpo nudo della donna e con movimenti ritmici arrivò all'orgasmo insieme a lei. Al termine di quell'atto sessuale, l'uomo sudato e ansimante, scivolò di lato e l'abbracciò mormorando: «Jessica non avevo mai provato nulla di simile»

Lei gli sorrise. La brandina era un po' stretta, ma stettero ugualmente abbracciati a lungo; ad un tratto squillò il cellulare della donna. Quest'ultima dopo aver controllato il display si voltò a guardare l'amante ed esclamò: «Santo cielo, mio marito!»

«Beh, rispondi; non c'è nessun problema»

«Jessi dove sei?» domandò Pietro

«Da un'amica, perché me lo chiedi?»

«Sono sotto casa, ma non trovo le chiavi; puoi rientrare, in fretta?»

«Ora?» chiese Jessica

«Sì, perché?»

«Mah, non sei mai arrivato a casa per pranzo. Come mai proprio oggi?»

«Jessi sai che sei strana? Guarda che posso ritornare a casa quando voglio. Oggi non mi sento in forma; forse è colpa tua che mi hai attaccato l'influenza. Jessi tra quanto sarai qui?»

La donna in preda al panico, tentennò e prese tempo nel rispondere: «Tra quanto sarò lì? Oddio, mah, penso tra tre quarti d'ora.»

«Cooosa? Tutto 'sto tempo? Scusa, ma la tua amica dove abita?»

Jessica guardò Carmelo e volgendo lo sguardo attorno su un

cartoncino appeso al muro, lesse Etruria.

«Abita in via Etruria.»

Ad evitare che il marito udisse la sua risata, Carmelo si coprì la bocca con la mano.

«Va bene, cerca solo di fare in fretta; guarda che ti aspetto sotto casa.»

La donna chiuse la comunicazione, quindi si rivolse all'amante dicendo: «Scusa, ma devo andare via»

L'uomo si alzò dalla branda, si ravviò i capelli che legò a coda, quindi iniziò a rivestirsi.

«Peccato! Avevo programmato una cosa diversa, ma il marito chiama a rapporto! Ne approfitterò per lavorare»

Jessica gli si avvicinò, lo abbracciò, gli schioccò un bacio sulla guancia.

«La prossima volta non risponderò più al telefono»

«A proposito di cellulare, dammi il tuo numero, così ti potrò inviare qualche messaggino»

«Ricordati però che appena arrivo a casa, tolgo la suoneria e quindi non arrabbiarti se non rispondo subito»

«Eh, già! Le donne sposate, fanno così!»

Finse di non aver udito, anche perché non c'era tempo per discutere; quindi, si rivestì in fretta, si pettinò, afferrò la borsa e poi scrisse su un foglietto il proprio numero di cellulare. L'uomo la bloccò per un braccio e le chiese: «Oh, a proposito, quand'è che ci rivediamo? Ho fame di te!»

Lei nell'udire quella frase provò un senso di godimento interno.

«Domani?»

«Il negozio è chiuso dalle dodici e trenta alle quindici e trenta, ma per te ci sono»

«Vuoi che venga qui?» domandò lei

«Sì!»

Lei rossa in volto per l'agitazione, annuì.

«Carmelo ora devo proprio andare. A domani!»

«A domani, amore!» replicò lui

Quando Jessica arrivò sotto casa, notò che il marito era nervosissimo; l'uomo stava passeggiando avanti e indietro davanti al portone controllando spesso l'orologio al polso. Non appena la donna gli fu vicino, in modo secco lui l'apostrofò dicendo: «Tutto questo tempo; si può sapere dov'eri?»

«Pietro te l'ho detto poco fa; ero in via Etruria!»

«Strano, non mi avevi mai parlato di questa tua amica.»

Jessica s'inventò al volo una scusa plausibile.

«Eh, se non l'ho fatto è perché sei sempre così preso dal tuo lavoro.»

«Ho capito, è sempre colpa mia, vero? Saliamo in casa, che è meglio!» troncò lui

«Che cafone!» pensò la moglie.

In ascensore non scambiarono nemmeno una parola e quando arrivarono al piano, lui si precipitò alla porta dicendo: «Dai, muoviti! Ho i brividi di freddo, apri l'uscio!»

«Un attimoooo!»

«Jessi lo capisci o no che non sto bene e che non vedo l'ora di coricarmi?»

«La colpa è solo tua; se tu non avessi dimenticato le chiavi, a quest'ora saresti già a letto»

«Vabbè, lasciamo perdere!»

Pietro la squadrò da capo a piedi e a bruciapelo, le domandò: «A proposito, come mai sei così elegante?»

Jessica avvertì un lieve rossore alle guance e mascherò l'imbarazzo che stava provando dicendo: «Ti riferisci al cappotto? La mia amica, mi ha portato ad un'inaugurazione di un negozio di moda.»

«Vabbè, apri!»

La donna sbuffò, tirò fuori il mazzo di chiavi dalla borsetta e aprì la porta. Una volta all'interno, Pietro si coricò mentre Jessica si spogliò, indossò la vestaglietta a fiori ed iniziò a preparare il pranzo. Il marito non mangiò nulla. La figlia Viviana era ancora a scuola. Jessica sedette a tavola da sola e mentre mangiava la minestra, pensò intensamente ai baci di Carmelo. Quell'uomo aveva portato un po' di luce nella sua vita. In quel turbinio di emozioni, si domandò come aveva fatto a sposare un uomo così incolore, scontato e privo di passione come Pietro.

«Lo sopporto a malapena e ora che ho conosciuto Carmelo, potrei arrivare anche al punto di lasciarlo» pensò la donna

Jessica udì la vibrazione del proprio cellulare appoggiato sul tavolo; controllò il display: era Carmelo che le aveva appena inviato un messaggio: «Amore, ho trascorso due ore magnifiche!»

Jessica sorrise, appoggiò il cellulare al petto all'altezza del cuore e subito dopo, rispose a quel messaggio.

«Anch'io! Ti chiamerò appena quella cozza di mio marito tornerà al lavoro. Un bacio, Jessica» rispose lei

Pietro impiegò un paio di giorni a riprendersi dall'influenza e la donna visse con nervosismo la presenza continua in casa, del marito. Con lui tra i piedi, non poteva di sicuro andare dall'amante e questo la rese irascibile. Carmelo le inviò parecchi sms amorosi; ma lei aveva tolto la suoneria e Pietro non se ne accorse. Finalmente lui guarì e Jessica contattò Carmelo.

«Amore, quando ci vediamo?»

«Stasera alle diciannove in negozio.»

La donna nel leggere l'sms, fantasticò sul loro incontro; quindi preparò la cena, perché in caso di contrattempo, sarebbe bastato solo riscaldare le pietanze. Quella sera, Carmelo l'aspettò a luci spente e da dietro la vetrina della bottega, tenne d'occhio la strada per controllare l'arrivo di Jessica. L'uomo tra l'ansioso e il triste mormorò: «Accidenti, è in ritardo o forse non viene»

D'un tratto, vide Jessica sbirciare attraverso la vetrina e con un guizzo le aprì la porta. Lei entrò e lo baciò con passione, mormorando: «Carmelo quanto mi sei mancato!»

«Idem»

L'uomo chiuse la porta a chiave, mentre lei si era già svestita. Al termine del rapporto, Jessica lanciò uno sguardo all'orologio appeso al muro ed esclamò: «E' tardi! Devo ritornare a casa!»

Si rivestirono, Jessica afferrò la borsetta e baciò Carmelo.

«Ti chiamo appena posso»

«Ok, ok!»

L'uomo aprì la porta e Jessica a passo svelto, raggiunse il parcheggio, salì sull'auto e si diresse a casa. Rientrò poco prima di Pietro. Viviana era ancora dalla nonna. Jessica si sfilò le scarpe, indossò le pantofole; quindi, si levò lo spolverino che appese nell'armadio assieme agli abiti che aveva indossato per recarsi dal proprio amante. Infilò la vestaglietta a fiori, poi ritornò in cucina e accese i fornelli sotto le padelle. In quel momento, rientrò il marito che le si avvicinò dicendo: «Ciao, Jessi! Che buon profumo!»

«Ho preparato le polpette che ti piacciono tanto»

«Viviana è già arrivata?»

«No, è ancora da mia madre, ma non dovrebbe tardare»

«Jessi scusa per l'altro giorno; non so proprio cosa mi sia preso»

La donna gli schioccò un bacio sulla guancia, quindi gli rispose: «Scuse accettate. Pietro ho visto un bracciale d'oro nella vetrina dell'orefice»

L'uomo le accarezzò il volto dicendo: «Se ti piace, compralo! Piuttosto, stasera facciamo sesso?»

Lei gli sorrise forzatamente e pensò: «Che palle! Che scusa posso trovare?»

Pietro aspettò la risposta e ammiccò chiedendo: «Allora?»

Lei non replicò in quanto la figlia spalancò la porta di casa.

«Mamma, papà! Ho un sacco di cose da raccontarvi!»

Jessica sospirò di sollievo e controllò la cottura dei cibi. Poco dopo, mentre erano seduti a tavola, Viviana raccontò dei vari problemi scolastici. La madre cercò di darle dei consigli, mentre il padre, con aria assente, prese un pezzo di pane e fece scarpetta nel proprio piatto. Al termine della cena, Viviana sparecchiò e la madre improvvisò una forte emicrania. Al momento di coricarsi, esclamò: «Pietro non me la sento di fare sesso; perciò, se non ti spiace, rimandiamo»

Il marito storse il naso, ma abbozzò: «Tranquilla!»

«Grazie, buonanotte!»

«Buonanotte Jessi»

La donna s'addormentò subito per la stanchezza, mentre il marito faticò a prendere sonno. Ogni mattina, quando Pietro usciva da casa per recarsi al lavoro, la donna si alzava dal letto, si vestiva e andava da Carmelo. Facevano colazione nel bar accanto al negozio e restavano insieme un paio d'ore per poi ritornare da lui alle diciannove. Una sera, subito dopo il sesso, l'uomo le accarezzò la guancia, dicendo: «Vorrei mostrarti dove abito; perché domenica non vieni da me all'Alberese?»

La donna s'alzò di colpo dal letto e si rivestì dicendo: «Scherzi? La domenica, lui è a casa»

Carmelo finse di non aver udito e replicò: «L'alloggio non è molto grande, ma è confortevole. Tra l'altro lì c'è il lettone matrimoniale e quindi potremo rotolarci sul materasso, tutto il santo giorno. Mangeremo insieme, faremo una passeggiata e scopriremo cose di noi due che ancora non conosciamo. Che ne dici?»

Jessica appoggiata al bancone, portò una mano alla fronte, dicendo: «Scusa, ma è alquanto difficile da realizzare»

«Non credo proprio! Da Grosseto all'Alberese ci sono quattordici chilometri e con il pullman arrivi tranquillamente. Sai cosa credo? Che alla fine non hai poi così voglia di stare un giorno intero con me»

«Carmelo stai farneticando!»

«Ah, farnetico! Invece ti ho capita, sai? Sei una di quelle donne a cui piace tenere i piedi in due scarpe. A casa fai la mogliettina che lava, stira le camicie e va a letto con il marito; poi però insoddisfatta, vai a cercare un maschio come me, che ti faccia sentire donna. Sbaglio?»

Lei sgranò gli occhi e con il volto tirato gli si parò davanti replicando: «Ehi, ma come ti permetti? Mi stai facendo passare per una donna che trascorre le giornate a rotolarsi nel letto di uomini della tua risma. Guarda che se mi corico con mio marito è perché c'è un vincolo; con lui non ho rapporti perché la nostra storia è al capolinea»

«Sì, sì...dicono tutte così, poi però...»

«A bellooo! Ho accettato di far sesso con te, perché quando entrai in codesta bottega, ero fragile e malinconica e ho ceduto alle tue lusinghe; ma lungi da me dal credere che tu fossi così cafone»

Jessica abbassò lo sguardo, afferrò la borsa che aveva messo sul bancone e voltandosi verso l'uomo esclamò: «Ora, tira su la serranda; torno a casa!»

Carmelo la bloccò afferrandole il braccio.

«Non voglio che tu vada via così; non era mia intenzione

offenderti. Sono innamorato di te e mi dà fastidio che tu debba ritornare da quello là».

«Carmelo che devo fare? Noi due ci frequentiamo da poco e ho una figlia di tredici anni. Devi pazientare; credi mi faccia piacere stare con lui? Sopporto per non dare un dolore a mia figlia»

Carmelo strinse le mani della donna tra le sue e in tono dimesso concluse: «Scusami. Ho parlato senza riflettere. Resta con me!»

«No, tra un po' lui ritorna a casa. Se vuoi, ci vediamo domani»

«Va bene! Alle nove, come al solito»

Jessica uscì dal negozio e raggiunse casa sua. Quella sera, mentre era seduta a tavola, ripensò alla scaramuccia con l'amante e alla proposta di passare con lui, la domenica. Il marito e la figlia erano silenziosi come al solito.

«Jessi mi passi il sale?» le domandò Pietro

«Come, scusa?»

«Ti ho chiesto se mi passi il sale»

La donna sorrise e rispose: «Ah, sì...tieni»

«Jessi cos'hai? Sei così silenziosa!»

A quella frase, la moglie s'alzò di scatto dalla sedia e adirata lo attaccò: «Senti da che pulpito arriva la predica! Cosa dovrei dire a te che sei silenzioso tutto l'anno? Per una volta che sono io a non parlare, apriti cielo!»

Pietro s'alzò in piedi e afferrò una mano della moglie dicendo: «Jessi ma cos'hai?»

Lei sfilò la mano da quelle del marito e rispose: «Con me hai solo pretese; anche se sono a casa dal lavoro, mica sono una schiava! Ho diritto anch'io ai miei spazi e ai miei svaghi, non credi?»

Pietro si passò una mano sul volto.

«Jessi stai farneticando. Sei davvero convinta di essere trattata come una schiava? Ti ho dato una casa, hai lasciato il lavoro e non ho fatto storie, puoi uscire e comprare ciò che più ti aggrada, come abiti o gioielli; pertanto non capisco le tue esternazioni. Mi spieghi, cosa sta succedendo?»

Jessica portò le mani alle tempie e sollevò i capelli.

«Succede che sono stanca della quotidianità e ho bisogno di staccare la spina, anche solo un giorno»

«Ah, quindi che vorresti fare?»

Jessica con la mano spostò una ciocca di capelli dal viso e con flebile voce rispose: «Mah, ad esempio uscire con le mie amiche; insomma star fuori casa qualche ora con loro»

«Pensi sia necessario?»

La moglie sorrise e guardandolo dritto negli occhi, rispose: «Sì, ho bisogno di fare una gita con le amiche; togliermi da qua dentro, per un giorno, m'impedirà di diventare pazza»

«Addirittura! Ma come ti viene in mente una sciocchezza simile?»

«Hai mai sentito parlare di casalinghe stressate o esaurite?»

Il marito fece una smorfia con le labbra, poi guardò la figlia che alzò le spalle e allargò le braccia incredula per la reazione della madre.

«Boh, in questo momento non ti capisco proprio; ma se ti fa piacere andar via un giorno con le amiche, perché no?»

«Dai mamma, basta discutere con papà. Ho fame!» esclamò Viviana

Intanto sul volto dell'uomo comparve un'espressione di profonda delusione perché pur avendo creduto a quella frottola, era rimasto ferito dal fatto che la moglie non voleva fare una gita con lui, bensì con le amiche. L'uomo non si oppose e quella domenica stessa, Jessica uscì di buon'ora da casa per recarsi alla fermata del pullman che portava all'Alberese. Salì a bordo del mezzo pronto a partire, acquistò un biglietto e si sistemò a sedere al fondo. Trenta minuti dopo, il pullman raggiunse l'Alberese e Jessica scese dal mezzo. Ad aspettarla alla fermata, c'era Carmelo con indosso un paio di jeans sdruciti, una maglietta e un giaccone in lana color blu, mentre ai piedi portava scarpe da ginnastica chiare con i lacci sporchi. Lui le andò incontro e dopo averla baciata sulle labbra, le domandò: «Jessica come mai così elegante?»

«Mah, non sapevo dove mi avresti portata»

«Volevo mostrarti casa mia, mica ti avevo detto che andavamo ad una festa! Bastava un paio di jeans; così vestita, mi farai sfigurare»

La donna storse le labbra e pensò: «Brutta figura, semmai me la fai fare tu!»
Subito dopo, lei si rivolse all'amante e rispose: «Se vestivo casual, lui si sarebbe insospettito»

«Vabbè, dai! Laggiù c'è la mia auto; andiamo subito a casa mia. Non perdiamo altro tempo!»

I due amanti presero posto sulla vettura e raggiunsero l'abitazione di Carmelo. Il palazzo sorgeva su uno dei lati della piazza principale della città, poco lontano dal centro storico. L'immobile anni '70, era di quattro piani con ampi terrazzi. L'uomo abitava in un alloggio posizionato al terzo piano, composto da due camere, soggiorno, cucinino e bagno. L'arredamento essenziale e privo di valore, rendeva l'ambiente triste e raffazzonato. Una delle due camere, era vuota, mentre nell'altra c'erano il letto matrimoniale, l'armadio e il comò antiquati. In soggiorno c'erano soltanto il tavolo, quattro sedie in legno di rovere e il divano a due posti con alcune macchie scure sulla fodera logora. Nel cucinino, un fornello da campeggio, un acquaio in maiolica bianca per lavare le stoviglie e delle cassette di frutta ammonticchiate una sull'altra, con dentro scatolette di tonno, fagioli e piselli. Il bagno da ristrutturare, era piastrellato in verde con i sanitari bianchi ed uno specchio piuttosto grande sul lavandino.

«Entra, questa sarà casa tua!» esclamò Carmelo.

Jessica superò la soglia e volgendo lo sguardo attorno, restò delusa da ciò che vide. Mentalmente, confrontò quell'appartamento, con il suo e nel vedere la scarsità di mobili, i pavimenti un po' retrò e le pareti da imbiancare, provò un senso di miseria per l'incuria dell'immobile. L'uomo entusiasta, le sorrise e speranzoso, le domandò: «Dimmi la verità, ti piace la mia casa?»

Jessica nel vederlo così motivato, mentì.

«Naturalmente!»

«Beh, ci sono ancora dei lavori da fare ma la cosa importante è che quest'alloggio è mio...mio, capisci? Acquistato con mille sacrifici e rinunce»

«Sì, certo!»

«Vieni, voglio mostrarti la camera da letto»

Lui la prese per mano e la condusse in camera; poco dopo si ritrovarono sdraiati sulla coperta di ciniglia color verde prato che puzzava un po' di stantio. I due fecero l'amore e subito dopo, Carmelo le propose di uscire.

«Ti porto in trattoria nel centro storico; lì si mangia bene e non si spende molto»

I due si rivestirono, Jessica si passò un velo di rossetto sulle labbra; dopodiché, mano nella mano, uscirono da casa. Lungo la via, si baciarono più volte fino all'arrivo in trattoria. Sedettero ad un tavolo e lui appoggiò una mano su quella della donna, dicendo: «Jessica credo che dovremmo decidere di convivere»

La donna stava sorseggiando un po' di vino e a quelle parole, il Pinot le andò di traverso; quando la tosse cessò, rispose: «Sì, tra noi c'è feeling; ma sono perplessa per Viviana»

«Scusa, ma tua figlia che c'entra?»

«Lei ha le sue abitudini. Qui non so se c'è il liceo e quindi dovrebbe fare la pendolare, poi sarebbe lontana dalle amiche e dal padre»

«Beh, m'informerò sul liceo, ma ci sono milioni di studenti che viaggiano e quindi non capisco il problema. Quando si cambia casa, mutano anche le abitudini»

«Sì, ma per Viviana sarebbe un trauma»

L'uomo, spostò la propria mano da quella di Jessica; afferrò il tovagliolo, lo gettò con stizza dentro al piatto e ad alta voce, disse: «Allora significa che noi due faremo gli amanti a vita, di nascosto? Bada che non sono mica d'accordo!»

Alcuni clienti del locale, si voltarono a guardarlo. La donna cercò di tranquillizzarlo.

«Ssst! Tutti ci guardano! Non ho detto di volermi nascondere, devo avere il tempo per gestire la cosa, ok?»

Carmelo abbozzò un tiepido sorriso e rispose: «Porterò pazienza ancora un po'»

Il cameriere arrivò al tavolo con le pietanze ordinate e i due iniziarono a mangiare. Al momento del conto, Carmelo s'accorse di aver dimenticato il portafoglio a casa e quindi Jessica pagò di tasca propria. All'uscita dal locale, si diressero a piedi verso la fermata del pullman poco distante. Jessica salì a bordo, obliterò il biglietto e s'affacciò al finestrino; l'uomo portò una mano alla fronte ed esclamò: «Porca miseria, i soldi del pranzo!»

La donna fece spallucce e rispose: «Non importa; me li darai martedì quando verrò a trovarti in negozio»

«Allora, buon viaggio! Quando arrivi, mandami un sms. Ti amo!»

Lei gli mandò un bacio al volo, dicendo: «Anch'io!»

Il pullman chiuse le porte e iniziò a muoversi; Carmelo rimase sulla pensilina fino a quando il mezzo non sparì all'orizzonte. Durante il viaggio di ritorno, Jessica ripensò alla delusione di quelle ore trascorse con l'amante e al suo abbigliamento trasandato. Quel giaccone in lana era vecchio e logoro; inoltre, anche la sua casa era trascurata e sporca. L'uomo era in bolletta e lo si notava dal fatto che al momento di pagare il conto, non aveva il portafoglio con sé. Intanto che il pullman procedeva verso Grosseto, la donna si domandò: «Jessica, sei sicura che Carmelo sia l'uomo giusto per te?»

Naturalmente, la risposta la conosceva bene. Quando rientrò a casa, vide Pietro seduto in salotto che guardava una trasmissione sportiva alla TV. L'uomo senza distogliere lo sguardo dal monitor, le domandò: «Jessi ti sei divertita?»

«Diciamo che mi sono svagata. Invece tu, cos'hai fatto di bello?»

«Ho dormito e ora guardo i risultati delle partite di calcio. Jessi cosa prepari per cena?»

«Boh, combinerò qualcosa; ora vado a cambiarmi l'abito»

Quella sera, mentre seduti a tavola, Pietro a bruciapelo, le domandò: «Alla fine, tu e le tue amiche dove siete andate?»

Jessica presa alla sprovvista abbassò lo sguardo e per pensare a cosa dire, afferrò il bicchiere colmo d'acqua che sorseggiò, poi rispose: «Mah, un giro in centro, una pizza a pranzo e uno sguardo alle vetrine dei negozi»

«Strano che tu non abbia comprato un vestito come fai di solito»

Jessica cercò di mascherare la tensione che provava e concluse quel discorso dicendo: «Semplice! Non c'era nulla di bello, tutto qua! Ora lavo i piatti»

La donna s'alzò da tavola e lavò le stoviglie.

La relazione tra Carmelo e Jessica proseguì. Pietro con l'arrivo dell'estate, prenotò per tutta la famiglia, un soggiorno per la settimana del ferragosto, in un residence a Follonica. Quando Carmelo lo venne a sapere, sbottò: «Cooosa? Ti rendi conto che per sette giorni, non potremo far l'amore?»

L'uomo imbronciato, si appiattì contro la parete del negozio, incrociò le braccia sul petto e in tono esasperato, aggiunse: «Perlomeno, tu lo farai con tuo marito, perché si sa il mare accende la passione, non è così?»

«Carmelo come te lo devo dire che con lui non ho più rapporti?»

L'uomo agitò la mano e facendo una smorfia, esclamò: «Vabbè, quelle sposate dicono tutte così»

«Carmelo per me, esisti solo tu!»

Lui si passò le mani tra i capelli che raccolse a coda. Lei gli si avvicinò e strusciando il proprio corpo contro il suo, gli domandò: «Ehi, perché non mi raggiungi al mare?»

«Sei matta? Tuo marito potrebbe scoprire tutto»

«Figurati, come si vede che non lo conosci. Lui si beve qualsiasi cosa io dica. Carmelo nelle vicinanze del nostro residence, c'è un albergo a tre stelle; conosco la proprietaria e prenoterò a tuo nome una camera»

«In che senso, conosci la proprietaria? Hai già portato là qualche altro tuo amante?»

Jessica offesa, reagì mollando una sberla sul volto di Carmelo.

«Stronzo! Ma per chi mi hai preso?»

Lui le afferrò la mano e la baciò, dicendo: «Scusami, la gelosia mi fa parlare a vanvera. Cosa dicevi di quell'albergo?»

Lei guardandolo di sottecchi continuò: «A vanvera, proprio! Se riuscirò a prenotare una camera per te, ti raggiungerò nei momenti liberi e resterò in tua compagnia qualche ora. Che ne pensi?»

«Sarebbe fantastico! Piuttosto, quanto costerà? Credo che avresti dovuto pensarci prima, ora di sicuro, non ci sarà più posto»

«Sì, forse; ma lasciami tentare. Vedrai che la mia amica, ti troverà una camera. Ora, telefono»

«Beh, si tratta anche del prezzo...»

«Tranquillo, pagherò io o, meglio, i soldi li sborserà Pietro, ma lui non lo saprà. Ahahah!»

Rise anche l'amante. Jessica riuscì a prenotare il soggiorno di quattro giorni per Carmelo. Quando arrivò il momento delle ferie, Pietro caricò i bagagli in auto e la famiglia Lodi partì alla volta di Follonica. Il residence sorgeva un po' distante dal mare, sicché ogni mattina e pomeriggio, Pietro e Viviana s'incamminavano verso la spiaggia libera con l'ombrellone in spalla, le stuoie e il materassino gonfiabile in mano. Jessica li raggiungeva dopo aver comprato il pane e dei tranci di pizza da mangiare in spiaggia in attesa del pranzo. Due giorni dopo, Carmelo arrivò a Follonica. La mattina del suo arrivo, Jessica non andò in spiaggia, ma raggiunse l'amante in albergo. Consumarono quel rapporto velocemente e nel salutarla, lui l'abbracciò con calore, chiedendo: «Quando ci vediamo?»

«Oggi pomeriggio»

«D'accordo! Nell'attesa, prenderò un po' di sole sul balcone»

La donna tornò al residence per preparare il pranzo. Quei quattro giorni di permanenza di Carmelo furono assai impegnativi per Jessica che si divise tra la spiaggia con la famiglia, preparare i pasti e trovare il tempo per fare l'amore con entrambi gli uomini. Inoltre, dovette inventarsi delle scuse con Pietro per raggiungere Carmelo in albergo. Quest'ultimo, trascorse i quattro giorni, passeggiando sul lungomare o nel centro di Follonica. La penultima sera, vide Jessica seduta in un dehors con la sua famiglia. I tre stavano mangiando il gelato e la donna rideva di gusto; Carmelo s'arrabbiò e le mandò un sms.

«Mi hai detto che è palloso e invece ridi, bugiarda!»

Lei aveva il cellulare spento. A mezzanotte quando sentì che il marito russava, s'alzò dal letto, tirò fuori dalla borsa il telefonino e andò in bagno a leggere gli sms; quindi rispose a Carmelo.

«Ridevo per la barzelletta raccontata da Viviana»

Il mattino dopo, Carmelo le fece una scenata.

«Non prendermi per i fondelli, chiaro? Vuoi lasciare tuo

marito e continui a stare con lui»

«Scusa, ma come faccio a lasciarlo?»

«Prendi i bagagli e ti trasferisci da me all'Alberese, semplice, no?»

«Ma te l'ho già spiegato che è mia figlia che mi blocca»

L'uomo si adirò per ciò che aveva appena udito; scosse la testa e alzando la voce le puntò un dito contro dicendo: «Sei falsa! Sai cos'è che ti blocca? Non vuoi rinunciare ai vantaggi di questa situazione; lui ti può dare un tenore di vita che con me non avresti di sicuro. Questa è la triste realtà. Pensare che sono venuto fin qui, mentre potevo starmene tranquillo a casa mia!»

«Bellooo! Il soggiorno, mica lo paghi tu»

«Che fai, rinfacci? Questa cosa mica mi piace!»

«Boh, allora il conto pagatelo tu»

Jessica afferrò la borsa ed uscì dalla stanza sbattendo la porta alle proprie spalle. La proprietaria dell'albergo udendo quel gran vociare, le andò vicino e le chiese: «Problemi?»

La donna scosse il capo, poi replicò: «Dovevo trovare un amante meno buzzurro! Guarda che il conto lo paga quel fanciullo»

La proprietaria annuì e rispose: «É capitato anche a me di trovare uomini come lui, ma a letto erano impagabili!»

Jessica sorrise, mentre l'altra donna aggiunse: «Comunque, maggiorerò il conto e lo presenterò a lui così imparerà a trattarti meglio»

Jessica annuì, la salutò, uscì dall'albergo e raggiunse il marito. Carmelo riempì lo zaino con i propri effetti personali e scese alla reception.

«Signora, esco a fare un giro in centro»

«Rientra a pranzo?» domandò la proprietaria

«No, mangerò una pizza; poi andrò in spiaggia e farò un bagno; ritornerò qui, per cena»

«Va bene, allora a stasera!»

Carmelo uscì dall'albergo e si recò alla stazione dove acquistò un biglietto per Grosseto. Jessica controllò varie volte il display del telefonino per vedere se lui l'aveva cercata. A tarda serata, ricevette solo la telefonata dell'amica che le chiese di passare in albergo per saldare il conto di quell'uomo.

«Stronzo! Stavolta me la paga!» mormorò Jessica

Il mattino dopo, la donna andò dalla sua amica albergatrice e saldò il soggiorno dell'amante. In settimana, per non destare sospetti, Jessica fu costretta a fare sesso, un paio di volte con il marito. Al rientro da quella vacanza, l'amante le inviò diversi messaggi sul cellulare con cui la implorò di perdonarlo e di passare a trovarlo in negozio. Jessica lo perdonò. Un mese dopo, Carmelo invitò la donna a raggiungerlo all'Alberese. L'uomo le porse due chiavi tenute insieme da un anellino in latta dicendo: «Questo è il duplicato delle chiavi di casa mia»

«Perché me le dai? Non vieni a prendermi alla stazione?»

«La mia auto fa i capricci; prendi un taxi e quando arrivi ti rimborso la cifra»

Jessica ritirò le chiavi nella borsetta e mentre ritornava a casa, pensò quale scusa inventare con il marito per quella domenica. La relazione tra Carmelo e Jessica finì di colpo. Una notte, attraverso la porta del bagno che per sbaglio, la donna aveva dimenticato semiaperta, Pietro la vide armeggiare con il telefonino e s'insospettì. Tra l'altro s'accorse che la consorte escludeva sempre la suoneria, adducendo varie scuse. Pietro decise di recarsi da un investigatore privato per far seguire la moglie. Tra le diverse agenzie presenti sull'elenco telefonico, cercò quella più vicina, la contattò e gli fu fissato un appuntamento. Le pareti dell'ufficio erano imbiancate da poco e su una di queste, erano affissi dei diplomi, mentre a lato c'erano dei raccoglitori in metallo contenenti le schede delle persone da pedinare. L'investigatore seduto alla scrivania, si rivolse all'uomo dicendo: «Si sieda, cosa posso fare per lei?»

«Vorrei far pedinare mia moglie e sapere chi frequenta mentre sono al lavoro»

Quell'uomo magro, non troppo alto e con i capelli ricci, s'alzò dalla sedia e aprì uno dei raccoglitori in metallo da cui tirò fuori una scheda bianca; quindi, tornò alla propria scrivania dicendo: «Su questa scheda riporterò i dati di sua moglie; per caso ha una fotografia recente da potermi lasciare?

Così sarà più facile per noi capire che è lei, la persona giusta da seguire»

Pietro tirò fuori dalla tasca dei pantaloni il portafoglio da cui prelevò la foto della moglie, la consegnò all'altro uomo e specificò: «Questa è Jessica. La foto non è recente, ma il suo aspetto fisico non è cambiato molto»

L'investigatore con sguardo da intenditore, esclamò: «Complimenti, una bella donna!»

Pietro annuì, poi domandò: «Quanto mi costerà il servizio?»

«Pedinamento con foto e video, sono cinquantamila lire l'ora»

Pietro storse un po' il naso e ribatté: «Caspita! Credevo di spendere meno»

Il professionista, fece una smorfia con le labbra e allargò le braccia rispondendo: «Mah, può rivolgersi ad un'altra agenzia che forse, le chiederà meno però impiegherà più tempo a trovare le prove del tradimento e quindi la cifra sarà superiore. Inoltre noi garantiamo sempre la riservatezza; perché i miei dipendenti conoscono bene l'etica professionale e non spiattellano in giro le informazioni raccolte»

Pietro si passò una mano tra i capelli, quindi replicò: «Va bene, accetto»

«Signor Lodi mi può lasciare un acconto? Duecentomila lire sono più che sufficienti»

Pietro annuì, riprese in mano il portafoglio da cui sfilò le banconote. L'investigatore gli preparò la ricevuta, dopodiché i due uomini si salutarono e Pietro rientrò a casa. Nei giorni successivi, tutto continuò come al solito. Pietro andava al lavoro e Jessica ignara di essere pedinata, si recava dall'amante. L'investigatore, scattò diverse fotografie ai due amanti mentre erano al bar o per strada abbracciati intenti a baciarsi. Un mattino, l'uomo li seguì fino al negozio di Carmelo e segnò l'indirizzo. A fine giornata, l'uomo ritornò in ufficio e mostrò al suo capo, il materiale raccolto.

«Ottimo lavoro! Ora chiamo il signor Lodi così ci pagherà il pedinamento»

L'altro uomo annuì sorridendo, mentre il suo capo afferrò il telefono e compose il numero di Pietro.

«Signor Lodi? Può passare da me?»

«Arriverò da lei appena esco dal lavoro»

«L'aspetto, a più tardi!»
Appena terminata la chiamata, Pietro si fiondò nell'ufficio del responsabile al quale chiese di uscire dal lavoro in anticipo. La richiesta gli fu accordata. Pietro suonò al citofono del palazzo dov'era situata l'agenzia investigativa. Il portone s'aprì con uno scatto metallico. L'uomo, dopo aver percorso l'androne, attraversò il cortile acciottolato, salì a piedi le due rampe di scale e giunse al secondo piano dove aveva sede l'agenzia. Il titolare era seduto alla scrivania, lo salutò dicendo: «Signor Lodi, s'accomodi pure. L'ho convocata qui, perché vorrei mostrarle il filmato realizzato da uno dei miei uomini»

L'investigatore inserì la chiavetta usb nell'apposito vano del portatile e non appena i dati furono acquisiti, l'uomo spostò il pc in modo che Pietro potesse vederne lo schermo. Al termine, l'investigatore aprì il cassetto della scrivania e tirò fuori una busta gialla dicendo: «Queste sono le fotografie che il mio incaricato ha scattato durante gli incontri dei due amanti. Sua moglie frequenta Anselli Carmelo che abita all'Alberese ma è titolare di una bottega artigiana qui a Grosseto. Su codesto foglio, le ho segnato l'indirizzo del negozio. Nel caso, si potrebbe fare un lavoro più accurato con foto all'interno, ma questo servizio, ha un costo elevato»

Pietro che stava sfogliando una dopo l'altra le varie foto, rispose: «Come? No, direi che le prove raccolte sono più che sufficienti»

A quel punto, portò le mani al volto e sconsolato ebbe una crisi di pianto.

«La mia Jessi tra le braccia di un altro uomo!»

L'investigatore cercò di calmarlo dicendo: «Non faccia così, la prego! Se può esserle di conforto, ogni giorno scopro tradimenti di vario genere e quindi lei non è l'unico a provare questo senso di disperazione. Ora s'è fatto tardi e se non le spiace devo chiudere l'ufficio, ma prima, le chiedo di saldare il lavoro svolto»

Pietro asciugò le lacrime con il fazzoletto, quindi domandò: «Come? Ah, sì, certo! Quanto le devo ancora?»

«Ricapitolando, sono cinquantamila lire per sedici ore di pedinamento per un totale di ottocentomila lire meno l'acconto, restano da pagare seicentomila lire. Per caso, ha bisogno della ricevuta?»

«Sì, certo!»

«In questo caso le aggiungo l'Iva, il totale è novecento sessantottomila lire; meglio se in contanti».

«No, le stacco un assegno».

«Ok!»

Lodi compilò l'assegno e l'investigatore gli consegnò la chiavetta usb e le fotografie. Pietro uscì da quell'ufficio con il morale a terra. Il peso di quella scoperta era talmente grande, che gli sembrò d'avere un mattone sul cuore. L'uomo fece fatica a camminare e si fermò a sedere su una panchina lungo la strada. Lì diede libero sfogo a quel groppo che gli chiudeva la gola; pianse senza curarsi di ciò che le persone, passandogli accanto, potevano pensare in quel momento. Piuttosto, non aveva la minima idea di come affrontare il discorso con la moglie e le avrebbe parlato mentre Viviana era a scuola. Per un bel po' di tempo, Pietro rimase lì seduto a fissare il vuoto, mentre aveva come l'impressione che la sua mente, si fosse svuotata completamente. Trasalì allorché il suo cellulare iniziò a squillare. L'uomo soffiò il naso, quindi rispose: «Sì?»

«Pietro dove sei?»

«Al lavoro, perché?»

«Ancora? È tardi, vieni a casa»

«Perché ti sei disturbata a chiamarmi?»

«Ma che dici! Sono preoccupata; ne avrai ancora per molto?»

«No, dieci minuti ed esco. A dopo!»

«Ciao!»

Pietro rimase sulla panchina ancora un po'. In quel silenzio, con l'aria pungente che lo stava facendo rabbrividire, prese una decisione dolorosa; sarebbe ritornato a casa da sua madre. Restando da lei per qualche giorno, senza avere Jessica intorno, avrebbe potuto capire cos'era meglio fare. Non appena l'uomo rientrò a casa, Viviana s'alzò dal divano e s'avvicinò al padre dicendo: «Ciao, papà! Hai l'aria stanca e gli occhi rossi. Hai pianto?»

L'uomo sorrise e guardando la figlia negli occhi, rispose:

«No, fuori c'è un po' di vento»

«Meno male, mi sono preoccupata, sai? Papà, ma sei tutto infreddolito! Mangia qualcosa, così ti riscaldi»

Lui le sorrise e rispose: «Sì, magari!»

Viviana andò nella sua cameretta. Jessica s'avvicinò al marito, gli schioccò un bacio sulla guancia e disse: «Finalmente! Come mai fino a quest'ora al lavoro?»

Senza guardare la moglie negli occhi, rispose: «Straordinario»

«Siediti a tavola che ti scaldo l'arrosto con le patate»

«Non disturbarti, non ho fame. Sono troppo stanco, mi spoglio e vado subito a letto»

Più tardi, quando Jessica si coricò, lui finse di dormire. Il mattino successivo, non appena Viviana uscì da casa per andare a scuola, Pietro telefonò al lavoro, per chiedere un giorno di permesso che il titolare gli accordò. Subito dopo, tirò fuori dal cassetto del comodino la busta gialla e andò in cucina dove c'era la moglie intenta a preparare la colazione.

«Jessica oggi resto a casa»

La donna nell'udire quelle parole, si bloccò chiedendo: «Ah! Posso sapere per quale motivo?»

«Sì, certo! Dato che è un tuo diritto sapere perché non vado a lavorare, lo è anche per me capire cosa fai quando io non sono a casa»

La donna sorrise forzatamente e dopo aver posato sul tavolo, la tazza con il caffè che aveva preparato per il marito, rispose: «Mah, che vuoi che faccia: lavo, stiro, faccio la spesa e cucino per voi»

L'uomo mise sul tavolo la chiavetta usb e la busta gialla che aveva in mano.

«Jessica credo che tu mi stia pigliando per i fondelli da tempo; è giunto il momento di gettare la maschera. Tu ed io dobbiamo parlare»

«Se è lecito chiederlo, qual è l'oggetto dei nostri discorsi?»

Con un'occhiata le indicò ciò che aveva messo sul tavolo e aggiunse: «Guarda dentro la busta»

La donna subodorando il pericolo, s'avvicinò al tavolo, aprì la busta e tirò fuori le foto che ritraevano lei e Carmelo mentre si baciavano o si abbracciavano. Lei impallidì, lasciando cadere a terra le foto che poco prima reggeva in mano.

«Come l'hai scoperto?»

«Mi hanno insospettito tutti gli sms che ti arrivavano sul cellulare. Una notte, dalla porta del bagno socchiusa, ti ho vista mentre chattavi con il tuo amante; perciò, ho incaricato un investigatore privato di scattare le foto e fare un filmato»

«Ora che vuoi fare?»

«Non so, sono confuso»

Jessica gli tese la mano, dicendo: «Pietro dammi la possibilità di riparare»

Il marito scosse il capo più volte.

«Troppo tardi. Per qualche tempo, mi trasferirò a casa di mia madre, poi deciderò il da farsi»

La donna si avvicinò al marito e cercò di abbracciarlo, ma lui si liberò dalla sua stretta dicendo: «Jessi per favore, fatti in là!»

«Pietro non puoi andare via»

«Ah, non posso? Allora spiegami, perché sei finita nel letto di quel tizio, dai capelli lunghi e l'aria da smandrappato»

Pietro per la rabbia batté una manata sul piano del tavolo e aggiunse: «Ti ho forse fatto mancare qualcosa? Lavoro come un matto per permetterti di fare la casalinga, ti ho dato una bella casa e puoi comprare qualsiasi cosa tu voglia; in cambio chiedevo solo di essere amato e rispettato da te. Ma non ti bastava vero?»

Jessica con il volto rigato dalle lacrime, replicò: «Guarda che non è come pensi!»

«Ah, no? Mia moglie bacia con passione un altro e ci sono pure le foto, ma pare che le cose si siano svolte in modo diverso. Allora, dimmelo tu com'è. Spiegami come mai con me non avevi mai voglia di far l'amore e se mi avvicinavo per darti un bacio ti scansavi, mentre non oso immaginare ciò che facevi con il tuo amante! Ora mi dirai che pensavi a me mentre ti facevi scopare da quel tizio, è così?»

«Ma se vuoi, posso spiegarti...»

Pietro la guardò apertamente, mentre rosso in volto e con la vena del collo gonfia per la rabbia che stava provando, disse:

«Jessica vuoi un consiglio? Stai zitta! Non ho voglia di sentirti parlare a vanvera; intendo solo andarmene, perché oltre alla delusione profonda, mi sento ferito dentro»
Pietro le voltò le spalle ed uscì dalla stanza. Andò in camera da letto e dopo aver aperto le ante dell'armadio e i cassetti del comò, cominciò a togliere dagli appendini i propri abiti e ad accumularli ben piegati sul letto. A quel punto, tirò giù dall'armadio la valigia color avorio e iniziò a riempirla con le proprie cose. Jessica lo raggiunse nella stanza.

«Pietro che fai?»

«Me ne vado da questa casa»

Jessica gli si parò davanti e in lacrime esclamò: «No, ti prego! Non fare cose avventate; pensa a nostra figlia Viviana»

A quelle parole, l'uomo che era su di giri per l'incresciosa situazione, sferrò un calcio alla poltroncina posta accanto al letto e urlò: «Porca misera! Ti rendi conto di ciò che stai dicendo? Devo pensare a nostra figlia! Scusa, ma tu l'hai fatto mentre mi tradivi, rotolandoti nel letto di quel tizio e miagolando dal piacere? Jessi mi stai facendo alterare, pertanto per evitare che io ti prenda a sberle, è meglio per tutti e due se stai zitta e vai di là»

La donna senza farselo ripetere due volte, tornò in cucina. Pietro finì di riempire la valigia e al termine si avviò verso la porta. Jessica lo abbracciò dicendo: «Ti chiedo perdono! Ti prego, non andare via!»

Lui la staccò da sé a forza e guardandola con disprezzo, esclamò: «Togliti di torno, mi fai venire il vomito!»

A quel punto, aprì la porta di casa che richiuse sbattendo, alle proprie spalle. Sul pianerottolo, la vicina uscì dalla propria abitazione, si rivolse all'uomo e domandò: «Signor Lodi ho sentito urlare, cos'è successo?»

«Signora, ciò che faccio a casa mia non la riguarda di sicuro; possibile che lei stia sempre a origliare le cose altrui?»

La curiosa vicina, senza ribattere, si ritirò nel proprio appartamento, mentre Pietro prenotò l'ascensore e scese in strada. Jessica corse in camera, si gettò sul letto e scoppiò a piangere. Dopo un po' si calmò, andò in bagno a sciacquarsi il viso, quindi afferrò il cellulare e chiamò l'amante.

«Carmelo mio marito sa ogni cosa di noi»

«Sei sicura?»

«Sì! Un investigatore privato ci ha seguito; ha scattato delle foto e fatto un breve filmato»

«Azz! Non è che "quello" mo' viene in negozio a fare casino?»

«No, Pietro queste cose non le fa. Piuttosto, cosa dico a Viviana?»

«Dille che vi siete presi uno stacco; tuo marito, di sicuro, non le rivelerà che ha scoperto la nostra relazione»

«Sì, hai ragione»

«Certo, non lo sai che sono anche un po' psicologo?»

«Carmelo ci vediamo?»

«Sì, oggi pomeriggio?»

I due si salutarono e la donna si mise a preparare il pranzo. Nel frattempo, Pietro bussò alla porta di casa della madre; quest'ultima, nel trovarselo davanti all'uscio con la valigia in mano, capì che tra lui e la moglie, doveva essere successo qualcosa di grave.

«Figlio mio, che c'è?»

«Ma', posso fermarmi da te per un po'?»

La donna gli sorrise ed allargò le braccia per accoglierlo. Pietro si rifugiò in quell'abbraccio e scoppiò a piangere come un bambino. Stettero per un po' così. La madre in lacrime, gli accarezzò la testa nello stesso modo come quando era piccolo; quindi cercò di calmarlo dicendo: «Ricordati che questa è anche casa tua; entra e raccontami tutto»

L'uomo posò la valigia a terra e seguì la madre in salotto; sedettero entrambi sul divano e la donna gli domandò: «Pietro posso sapere cos'è successo?»

Lui con lo sguardo triste le rispose: «Ma', Jessi si vede con un altro uomo»

«Cooosa? Sei sicuro di ciò che affermi?»

«Sì! L'ho fatta pedinare da un investigatore che le ha scattato le foto che userò per la separazione»

La madre si coprì il volto con entrambe le mani e restò così per qualche minuto; quando le tolse dal viso, guardò il figlio e replicò: «Pietro sei sicuro che ti convenga?»

«In che senso, ma'?»

«Pensaci bene. L'alloggio è tuo, ma Jessi non ha un'occupazione e quindi gratuitamente, abiterebbe lì. Se lo volessi vendere, con lei e Viviana dentro, non avresti cuore di farlo»

«É vero, non avevo valutato quest'aspetto»

La donna annuì, quindi aggiunse: «Inoltre dovresti pagare il mantenimento a tua figlia, passare gli alimenti a Jessi e pagare le spese della casa. Figlio mio, hai idea quanti soldi dovresti sborsare?»

«Hai ragione; allora, che faccio?»

«Separarsi non è come andare a comprare un paio di scarpe; prima di muoversi occorre fare un profondo ragionamento. Potreste condividere la stessa casa, senza per forza, fare vita di coppia»

«Hai ragione, ma'!»

Pietro schioccò un bacio sulla guancia della madre; lei si commosse e non riuscì a trattenere le lacrime. Anche Pietro scoppiò a piangere e la donna cercò di consolarlo. Quello stesso pomeriggio, Jessica si recò in negozio da Carmelo. Da quando lei gli aveva detto che Pietro sapeva ogni cosa, sembrava che l'amante avesse perso tutta la sua verve abituale. Allorché la donna lo abbracciò e lo baciò, lui si scostò.

«Carmelo ti va di fare l'amore?»

«Mmm, ho del lavoro arretrato che devo consegnare domani. Siamo quasi a fine mese e i soldi mi servono per pagare l'affitto del negozio, altrimenti il proprietario mi sbatterà fuori e dovrò chiudere bottega»

«Non è che la tua è solo una scusa per scaricarmi?»

L'uomo la strinse tra le braccia e le rispose: «Sciocchina! Per stare con te, finora ho trascurato la mia attività»

Jessica nell'udire quelle parole si offese, ma non replicò; afferrò la borsa e senza neppure salutarlo, uscì dal negozio. Carmelo si passò le mani tra i capelli, quindi andò nel retro per riprendere la lavorazione di braccialetti. Di colpo, afferrò quelle strisce in cuoio e con rabbia le gettò a terra; subito dopo, con furia, rovesciò il banchetto pieno di attrezzi che gli servivano per lavorare ed esclamò: «Accidenti, riesco sempre a cacciarmi in qualche casino! Aria, ho bisogno di respirare aria fresca»

In quel preciso istante, Jessica stava ritornando a casa e ripensò al rifiuto di Carmelo di fare l'amore con lei.

«Ma "quello là" chi pensa d'essere? Avrà fatto, a malapena, le scuole medie e si crede una persona istruita. Fa il prezioso, ma se voglio, di uomini meglio di lui e pieni di soldi, ne trovo quanti ne voglio. Lui è solo un morto di fame!»

Intanto, Carmelo uscì dalla propria bottega, chiuse a chiave la porta e andò al giardinetto vicino, ma non s'accorse che lì davanti c'era Pietro con una foto tra le mani che lo osservava.

«Questo sarebbe il tizio che ha fatto girare la testa a mia moglie? Come può piacerle un uomo così?»

Carmelo aveva bisogno di resettare i pensieri che gli frullavano in testa e che non lo lasciavano lavorare in serenità come invece, avrebbe voluto fare. Inoltre, doveva decidere se continuare con Jessica. Il marito sapeva della loro tresca e non voleva correre il rischio di essere malmenato da lui. L'uomo a passo svelto, raggiunse l'unica panchina di quel misero giardinetto formato da ciuffi d'erba cresciuti spontaneamente in mezzo al terreno acciottolato. A quell'ora, gli studenti erano ancora a scuola e le persone anziane erano già sedute a tavola per pranzare; quindi, nessuno avrebbe occupato il posto. Carmelo s'appoggiò alla panchina, tirò fuori un accendino e un pacchetto da cui prelevò una sigaretta e l'accese e intanto mormorò: «Ricatterò il marito di Jessica così raggranellerò i soldi per pagare l'affitto del negozio e le bollette. Mi pagherà per evitare che io spifferi tutto quanto in giro e nell'azienda dove lavora; sicuramente, scenderà a compromessi senza battere ciglio»

Carmelo ridacchiò per quella sua geniale idea e subito dopo aspirò una boccata di fumo. Pietro gli arrivò alle spalle.

«Anselli Carmelo?»

L'altro uomo sobbalzò, si voltò per vedere chi fosse quello scocciatore e rispose: «Sì, perché? Lei chi è?»

Carmelo aspirò un po' di fumo e Pietro gli mostrò la foto in cui lui e Jessica si stavano baciando. Alla vista di quello scatto, Carmelo tossì per effetto del fumo che gli finì di traverso; anche la sigaretta gli scappò di mano e finì a terra, mentre il suo cuore accelerò di colpo, i battiti.

«Sono Lodi Pietro marito di Jessica. Non dirmi che non la conosci perché c' è la foto e poco fa ho visto mia moglie uscire dal tuo negozio»

«Si può sapere che vuoi da me?»

«Lascia stare mia moglie, chiaro?»

Carmelo scosse la testa e rispose: «Niente affatto! Io le voglio bene e con lei faccio certe trottate che neppure immagini! Lei è sempre in calore!»

Il pugno che arrivò diretto sul volto di Carmelo fu così mirato e violento che gli fece addirittura sanguinare il naso. Pietro afferrò quell'uomo per il colletto della camicia, quindi esclamò: «Sai che potrei ammazzarti di botte?»

Pietro portò nuovamente la mano chiusa a pugno vicino al volto dell'uomo, ma quest'ultimo lo implorò: «Per carità, non picchiarmi più!»

Pietro notò che una donna anziana con il cane al guinzaglio, si stava avvicinando e pertanto mollò la presa. Carmelo si aggiustò il colletto della camicia che s'era macchiata un po' di sangue e con un fazzoletto, tamponò quello che ancora gli stava uscendo dal naso.

«Mi hai fatto sanguinare anche il naso!»

«Poverino, che pena mi fai!»

«Pietro lo sai che sei un po' stronzo?»

«Oppure lo sei tu, che ti sei portato a letto mia moglie»

«Lei mi ha fatto credere che eravate separati in casa»

«Ti ha mentito»

«Vabbè, avrà anche detto una bugia; ma se la vostra unione fosse stata così solida, lei non sarebbe finita nel mio letto, non credi?»

«Poche ciance; non spetta a te giudicare l'unione tra noi due. Smetti di parlare a sproposito, sennò ti rifilo un altro papagno sul naso. Devi lasciarla stare, capito?»

«Vabbè, ma se decido di non vederla più, cosa ci guadagno?»

Pietro si passò una mano sulla testa per lisciare i capelli, quindi commentò: «Jessica di sicuro, non sa quanto sei avido di denaro»

«D'altronde solo con i sentimenti, mica si mangia, no?»
Pietro sputò a terra dicendo: «Sei proprio uno schifo d'uomo»
«Già, ma a letto sono meglio di te»
L'altro imprecò e dovette trattenersi dal mettergli nuovamente le mani addosso.
«Guarda che se mi tocchi di nuovo, urlo»
Pietro respirò profondamente, quindi esclamò: «Ho capito, te la saresti spassata con lei ancora un po', per poi spillarle qualche soldo, è così?»
Carmelo tirò fuori il pacchetto di sigarette, se ne accese una, poi aspirò un po' di fumo che un attimo dopo, liberò nell'aria; quindi, fece una smorfia con la bocca e rispose: «Beh, che vuoi...il negozio non rende come dovrebbe e con le donne sono un drago, quindi perché non sfruttare questa mia particolarità? Tu, piuttosto, quanto sganci per il mio silenzio? Potrei spifferare tutto nell'azienda dove lavori o raccontare ogni cosa a Viviana»
Nell'udire quelle parole, Pietro dovette nuovamente trattenersi dal prenderlo a botte.
«Non nominare mia figlia e lasciala stare, chiaro?»
Carmelo annuì, poi gettò il mozzicone della sigaretta a terra che schiacciò con la punta della scarpa e guardando in tono beffardo l'altro uomo, disse: «Certo, certo! Ma tu quanto sganci?»
«Potrei arrivare a cinquecentomila lire» esordì Pietro
«Solo? Direi che sono un po' pochini per rinunciare a far sesso con Jessica; voglio almeno un paio di milioni»
«Un milione e mezzo e la chiudiamo lì; altrimenti, dovrò sporgere denuncia contro di te. Accetti?»
Carmelo si grattò il mento, quindi concluse: «D'accordo; però quei soldi mi servono con una certa urgenza»
«Ok, ti stacco un assegno; in cambio, comunque, mi firmi un foglio dove affermi che non chiederai più nulla»
«D'accordo! Prenderò l'assegno e mi toglierò di torno. Andiamo in negozio, così staremo più tranquilli»
Poco dopo, dentro la bottega, Pietro gli staccò l'assegno e Carmelo scrisse una specie di rinuncia ad eventuali richieste

future di denaro. Subito dopo, il marito di Jessica uscì dal negozio. Carmelo s'accorse che la foto che poco prima aveva in mano Pietro, era scivolata giù dal bancone. L'uomo la raccolse e con un sorriso sardonico mormorò: «Metterò questa foto tra i ricordi e magari mi tornerà utile in futuro»

In quel preciso istante, Viviana rientrò da scuola e non appena aprì l'uscio di casa, vide la madre sdraiata sul divano.

«Mamma, sei già a casa?»

L'allegria della ragazza, si smorzò allorché la vide in lacrime e con gli occhi gonfi. Viviana le si avvicinò, s'inginocchiò accanto al divano e le domandò: «Mamma, perché piangi?»

Jessica si passò la mano sul volto nel tentativo di cancellare quelle lacrime e rispose: «Papà, se n'è andato!»

Viviana sgranò gli occhi e incredula, chiese: «Cooosa? Papà è andato via? Via, dove?»

«Starà per un po' dalla nonna»

Viviana con gli occhi velati dal pianto, le domandò: «Mamma, scusa ma per quale motivo si è trasferito dalla madre? Non stava bene qui con noi?»

Jessica si drizzò a sedere, portò una mano alla fronte e cercò le parole adatte da dire alla figlia.

«Tuo padre ed io non siamo più sulla stessa lunghezza d'onda. So che per te può essere una cosa difficile da accettare, ma lui ha deciso così»

«Mamma, non potevate trovare un accordo?»

«Ho provato, l'ho supplicato di restare, ma lui mi ha chiesto una pausa di riflessione»

Viviana annuì ed esclamò: «Beh, può darsi che papà, decida di ritornare a casa»

Jessica sorrise mestamente e Viviana l'abbracciò. Quella sera, nessuna delle due cenò. Nei giorni successivi, Jessica telefonò varie volte a Carmelo, ma il numero non era raggiungibile. Dato che lui non l'aveva più cercata, Jessica decise di andare in negozio; quando entrò, l'uomo era nel retro e stava lavorando.

«Carmelo dove sei?»

Al contrario delle altre volte, l'uomo restò dov'era e con freddezza le domandò: «Si può sapere che vuoi?»

La donna gli si avvicinò tormentandosi nervosamente le mani.

«Volevo vederti e capire perché non mi hai più cercata»

«Ho accumulato parecchio lavoro e non ho tempo per le frivolezze. Semplice, no?»

La donna ci rimase male, ma cercò di non darlo a vedere.

«Ho provato a telefonarti, ma non eri raggiungibile»

Carmelo in evidente imbarazzo abbassò lo sguardo e rispose: «Ho cambiato numero e poi sono molto occupato; ho un lavoro da consegnare e se voglio che il cliente mi paghi, mi devo dedicare solo a questo. Al contrario di te, non ho nessuno che mi mantiene»

La donna che non aveva inteso bene l'ultima frase, gli gettò le braccia al collo dicendo: «Carmelo ho pensato tanto a te e a tutte le volte che abbiamo fatto l'amore su quella branda. Mio marito chiederà la separazione. Amore, ci pensi? Tu ed io, potremo programmare il nostro futuro»

Lei assatanata, cercò di baciare le labbra dell'uomo e di sbottonargli la camicia, ma lui s'inventò una scusa e la scansò malamente.

«Jessica non puoi stare qui; tra un po' arriva il cliente a ritirare ciò che mi ha ordinato»

«Carmelo cos'è successo dall'ultima volta che ci siamo visti? Fino a pochi giorni fa, ripetevi che volevi stare con me, mentre ora sembra che io ti dia fastidio. C'è forse un'altra donna?»

«Un'altra? No, ma che dici? Non sono mica come te che tieni i piedi in due scarpe!»

Jessica mutò espressione e con i pugni serrati, ad alta voce esclamò: «Se scopro che nella tua vita c'è un'altra donna, ti giuro che non risponderò delle mie azioni»

Lui vedendo la brusca reazione di Jessica, cercò di stemperare un po' la situazione dicendo: «Ma no, te l'ho detto è solo il lavoro che mi assorbe totalmente»

«Carmelo credi forse che non l'abbia capito che stai mentendo? Esigo la verità!»

L'uomo si grattò il mento, quindi s'inventò una scusa plausibile.

«Vuoi la verità? La ragione del mio distacco è che non provo più nulla per te»

La donna scoppiò a piangere incurante del mascara che le stava macchiando le guance di nero.

«Non ti credo, è una bugia!»

Lei s'attaccò al petto dell'uomo e tentò di baciarlo, lui l'allontanò con forza e replicò: «Basta, non ne posso più di te e di questo tuo continuo frignare»

«Ti rendi conto che per te ho mandato all'aria il mio matrimonio?»

«Sentir piangere una donna mi dà fastidio, perciò smettila!»

Jessica fuori di sé dalla rabbia, s'avvicinò a dei ripiani dov'erano esposti in bella mostra, borse, portafogli e altri oggetti in pelle e con il movimento della mano, gettò a terra tutto quanto.

«Ignorante, stronza!» commentò lui

La donna si voltò verso l'amante e replicò: «No, ti sbagli. In questa storia, l'unico stronzo e ignorante sei tu; da questo momento, non voglio più vederti»

Jessica uscì dal negozio mentre l'uomo iniziò ad imprecare contro di lei e s'affacciò alla porta del negozio urlandole dietro.

«Stronza!»

La gente che in quel momento, stava transitando a piedi nella via, non capì il motivo di quella esternazione. Jessica in lacrime, si diresse verso la propria auto e ritornò a casa. Appena rientrata, squillò il telefono: era una delle insegnanti di Viviana che la convocò a scuola per il mattino successivo. Il giorno seguente, all'ora stabilita, Jessica entrò nel liceo dove la figlia frequentava il terzo anno. Alla bidella domandò di poter parlare con l'insegnante che le aveva telefonato a casa. Dopo soli dieci minuti d'attesa, la bidella ritornò da Jessica e le riferì: «Signora Lodi l'insegnante l'aspetta nell'ufficio del Preside, la porta è in fondo al corridoio. Vada pure!»

Jessica percorse il corridoio e giunta di fronte a quella porta, bussò. Una voce femminile un po' gracchiante, dall'interno, la invitò ad entrare.

«Avanti!»

Jessica spalancò la porta dell'ufficio. Seduta alla scrivania

del preside, c'era una signora cinquantenne dai capelli ricci, color rosso mogano che le porse la mano dicendo: «Signora Lodi? Sono una delle insegnanti di Viviana e l'ho convocata per parlare con lei senza che sua figlia lo sappia. Prego, s'accomodi!»
Jessica annuì, si sistemò sulla sedia in legno posta davanti alla scrivania, mentre l'altra donna disse: «Ho notato un peggioramento nel rendimento di Viviana. La ragazza è svogliata, non partecipa più come prima alle lezioni ed inoltre piange spesso. Signora Lodi è capitato qualcosa che ha sconvolto la vita di sua figlia? Qualcosa sta turbando il suo equilibrio mentale?»

Jessica portò una mano alle labbra poi scosse leggermente il capo.

«Viviana è sempre stata la prima della classe»

«Sì, certo! Fino a qualche settimana fa era così; poi ha avuto un calo notevole e se continua così, dovrà ripetere l'anno»

«La ringrazio per avermi avvisata; stasera stessa, parlerò a mia figlia»

Jessica s'alzò dalla sedia, strinse la mano all'insegnante, uscì dalla scuola e telefonò alla madre.

«Mamma, nella mia vita ho sbagliato tutto! Ho sposato Pietro, ho intrecciato una relazione con un tipo che si è burlato di me e ora, Viviana è in crisi con gli studi»

«Hai parlato con gli insegnanti?»

«Sì»

La madre di Jessica esclamò: «Oh, Signur! Questa non ci voleva! Pietro lo sa? Forse sarebbe il caso di avvisarlo»

«Uhm...no, non gliel'ho ancora detto perché volevo evitare un'altra strigliata»

«Lui è il padre di Viviana e lo devi avvisare. Piuttosto, ha intenzione di ritornare a casa?»

La figlia in lacrime rispose: «Non lo so»

«Potrò sbagliarmi, ma vedrai che la madre lo convincerà a mettere una pezza sul tuo tradimento» «Oh, bella! Perché mai dovrebbe agire così?»

«Con la separazione, avrebbe troppo da pagare»

«Forse hai ragione! Ora, mi preoccupa Viviana che dorme

poco e piange spesso. Mamma, che posso fare?»

«Te l'ho detto, chiama Pietro e cerca di mediare; a quest'ora, è in pausa pranzo. Ciao!»

Jessica si soffiò il naso e asciugò le lacrime, quindi telefonò a Pietro e gli raccontò del calo di profitto di Viviana.

«Hai fatto bene a dirmelo, domani le parlerò»

«Grazie, Pietro. Buona serata»

«Altrettanto a te»

Il giorno dopo, Pietro giunse davanti a scuola allorché gli studenti stavano uscendo dal cancello; l'uomo agitò la mano e attirò l'attenzione della figlia chiamandola forte.

«Viviana! Viviana, sono qui!»

Alla vista del padre, lo sguardo della ragazza s'illuminò di colpo.

«Papà, come mai sei qui? Sono stra felice di vederti!»

L'uomo sorrise e replicò: «Ti va se andiamo a bere un caffè in quel bar là?»

Viviana indirizzò lo sguardo verso il locale che suo padre le stava indicando con la mano.

«Sì, certo! Papà posso mangiare anche un croissant?»

«Sicuro!»

Poco dopo, i due seduti ad un tavolino all'interno del bar, iniziarono a parlare tra loro.

«Ieri tua madre, ha parlato con un'insegnante che si è lamentata del calo del tuo rendimento scolastico»

La ragazza stava mordendo il croissant e nell'udire quella cosa, il suo volto di colpo, mutò espressione. La gioia di poco prima, lasciò il posto ad una profonda tristezza. Deglutì il pezzo di brioche che stava masticando, mentre nei suoi occhi comparvero alcune lacrime che le scivolarono velocemente lungo le gote.

«Papà, mi manchi tanto! La notte non riesco a dormire e quindi di giorno ho sonno e non presto attenzione a nulla perché tutto quanto mi annoia. Amavo così tanto studiare, ma ora, credo che potrei anche smettere di andare a scuola; tanto a che serve impegnarsi, se tu non ci sei più?»

«Viviana non parlare così! Lo studio serve ed è fondamentale per il tuo futuro; inoltre, anche se non abito più con voi, continuo ad interessarmi a te. Viviana ricorda che per te, ci sarò sempre!»

«Sì, lo so; ma non è colpa mia se tu sei andato via da casa e tutto ciò che faccio è privo d'interesse per me. Riesci a capirmi?»

«Certo! Però devi scegliere che strada percorrere, senza tener conto di ciò che farò io in futuro» «Papà, quand'è che torni a casa?»

Pietro sospirò dicendo: «Non lo so»

Viviana si asciugò gli occhi con il fazzoletto e a bruciapelo gli domandò: «Papà, cos'è successo tra te e la mamma?»

«Non andavamo più d'accordo»

«Non potreste riprovare a vivere insieme?»

L'uomo si passò una mano tra i capelli, quindi sospirò dicendo: «Vedremo»

«Papà, che significa vedremo? Se vi volete bene, torna a casa»

A quelle parole, l'uomo si commosse e con le dita asciugò le lacrime.

«Viviana devo rientrare al lavoro; finisci di bere il caffè così ti riaccompagno a casa»

La ragazza obbedì. Arrivati vicino al portone, la ragazza domandò: «Stasera, ceni con noi?»

«No, resto da tua nonna»

«Allora, quand'è che mangeremo di nuovo insieme?»

«Non so, ora devo andare; ci sentiamo più tardi»

Viviana gli schioccò un bacio sulla guancia, poi scese dall'auto e raggiunse il portone del palazzo dove abitava. Pietro rimase lì fino a quando non la vide entrare, poi avviò il motore e s'allontanò. Pietro decise di perdonare la moglie. Una volta rientrato nella casa coniugale, l'uomo mostrò alla moglie il foglio che Carmelo gli aveva firmato.

«Jessi volevo dirti che hai preso una bella cantonata con quell'uomo; è un miserabile, interessato unicamente al denaro e questa ne è la prova lampante. Guarda ciò che ha firmato»

La donna dopo aver letto quelle poche righe, con gli occhi umidi di pianto accartocciò il foglio e sfogò tutta la rabbia che aveva in corpo, urlando: «Maledetto! Carmelo ha cercato di rovinare la nostra unione e non glielo perdonerò»

«Non fare così, quell'uomo non merita neppure la tua ira; l'ho pagato e non ti disturberà più. Jessi sono ritornato perché Viviana stava soffrendo troppo; voglio chiudere questo capitolo doloroso e mi devi giurare che da parte tua non ci saranno più tradimenti»

Jessica gli si avvicinò e abbracciandolo rispose: «È stato un attimo di sbandamento; mi sentivo sola e lui ha sfruttato la mia debolezza».

L'uomo la distanziò e assumendo un'espressione stranita, obiettò: «Sola? Certo, uno dei due doveva andare al lavoro, no? Quindi eri sola in quel frangente; poi però siamo sempre stati insieme»

«Beh, tu sei un tipo taciturno e questo mi pesa alquanto. Carmelo invece è un tipo allegro e gioviale e mi ha confuso le idee»

«Confuso le idee? Qui si tratta di corna. Se ti sentivi sola, potevi leggere un libro o fare una passeggiata, ma non per questo dovevi andare a letto con un altro uomo»

«Beh, può capitare a tutti di fare un errore, no?»

«Jessi tu eri e sei ancora sposata con me; quindi, per un senso di lealtà e onestà nei miei confronti non avresti dovuto fare questa cosa. Tradire la fiducia, provoca un dolore profondo; mi sento ferito ed umiliato. Sarò anche taciturno, ma tu avresti potuto aiutarmi ad aprirmi di più»

«Non si ripeterà più!»

«Lo spero»

L'uomo allargò le braccia e accolse la moglie in un abbraccio. Jessica venne a conoscenza di un bar malfamato situato in un quartiere a nord della città, dove con pochi soldi la gente di malaffare, era disposta a commettere atti di vario genere. Un mattino, Jessica entrò in quel bar; il barista stava asciugando dei bicchieri e quindi si rivolse a lui dicendo: «Salve! Sto cercando qualcuno a cui affidare "un lavoretto"»

Il barista con la fronte alta e la faccia squadrata, non rispose ma le indicò un uomo seduto ad un tavolo al fondo del locale, intento a bere una bionda media. Jessica gli si avvicinò chiedendo: «Posso sedere accanto a lei?»

Quel tipo smilzo, con un anello d'oro al dito medio, con i mignoli dalle unghie lunghe e una riga nera di sporco, smise di bere mentre agli angoli delle labbra, gli era rimasta la schiuma della birra. Il tizio si lisciò i baffi neri e a quella richiesta un po' strana, strabuzzò gli occhi, chiedendo: «Per quale motivo, sei entrata in un bar come questo e vuoi sedere al mio tavolo?»

«Ho un lavoro per lei.»

«Sei amica di qualche poliziotto?»

Jessica rise.

«No, come le viene in mente una cosa del genere?»

«Mah, sai...con il mestiere che faccio, la prudenza non è mai troppa; a volte diffido anche della vecchietta che mi chiede di aiutarla ad attraversare la strada» Jessica rise di nuovo.

«Ah, ti faccio ridere? Dimmi, cos'hai bisogno?»

«Si tratta di incendiare un alloggio quando il proprietario è assente»

Il tipo restò in silenzio e la osservò attentamente; poi riprese a bere la birra. Quando il boccale fu completamente vuoto, l'uomo ruttò poderosamente.

«Cosa ti ha fatto, di preciso, quell'uomo?»

«Mi ha ingannata e ha ricattato mio marito per non divulgare la storia delle corna»

«Beh, il mondo è pieno di gente che tradisce; se quel tuo amante lo avesse detto in giro, nessuno avrebbe badato alla cosa»

«Abbiamo una figlia e non vogliamo che lei sappia»

«Allora, se ho ben afferrato, si tratta di vendetta»

Jessica annuì, quindi continuò dicendo: «La giusta punizione per lui, è quella di arrecargli danni della stessa cifra sborsata da mio marito per ottenere il suo silenzio. Quel tipo possiede solo l'alloggio all'Alberese e io glielo faccio bruciare»

Il tizio si lisciò i baffi, quindi le prese una mano tra le sue, dicendo: «Mi piaci! Sei una femmina d'onore e quindi accetterò l'incarico. Il mio nome è Salvo e ti aiuterò, ma bada che quest'affare ti costerà assai»

«Quanto?»

«Cinquecentomila lire, più spese varie»

La donna sfilò la mano da quelle sudaticce di Salvo e

domandò: «Farà un lavoro accurato?»

«Accuratissimo! Nessuno risalirà a me, né sospetterà di te; dormi pure su sette guanciali»

«D'accordo!»

Jessica tirò fuori dalla borsetta una busta con dei soldi che consegnò all'uomo dicendo: «Salvo questa è la metà, il resto l'avrà a fine lavoro. Ora le segno l'indirizzo di Carmelo Anselli»

La donna afferrò dalla tasca le chiavi tenute insieme dall'anellino e le porse all'uomo dicendo: «Queste sono le chiavi dell'alloggio. Quel tizio ritorna a casa solo nei weekend. Quando potrà fare il lavoro?»

«Mi procurerò il materiale per martedì sera e ti accontento. Sarò preciso e in futuro, sai dove trovarmi. Va bene?»

Jessica annuì quindi annotò su un foglio di carta, i dati di Carmelo.

«A che numero ti posso cercare?» domandò Salvo

«La cercherò io per dirle se martedì Anselli sarà in negozio oppure no; mi scriva su questo pezzo di carta il suo numero di cellulare»

Salvo eseguì e le riconsegnò il foglio; subito dopo, la donna lo salutò ed uscì. L'uomo rimase a guardarla ancheggiare, fino a che superò la porta del locale. Il giorno dopo, Salvo si recò in due distributori di carburante e riempì le taniche di benzina che stipò in garage, poi attese il giorno stabilito. Martedì mattina, squillò il cellulare di Salvo: era Jessica che gli confermò che Carmelo era in negozio. Nel pomeriggio, Salvo caricò le taniche nel baule della propria auto e alla chetichella, partì. Appena giunse nel luogo stabilito, parcheggiò l'auto, ma restò seduto al posto di guida, in attesa della sera. Con l'oscurità, si sarebbe introdotto con facilità dentro al condominio senza destare sospetti nei vicini.

L'uomo decise di agire alle diciannove quando tutti stavano cenando. Salvo indossò un paio di guanti, entrò nell'androne reggendo in mano le due taniche di benzina e con l'ascensore arrivò al terzo piano. Non incontrò nessuno e con le chiavi date da Jessica, aprì la porta di casa Anselli. Nel dubbio che all'interno potesse esserci qualcuno, l'uomo infilò in testa un passamontagna di colore scuro. Una volta dentro l'alloggio, richiuse la porta alle proprie spalle e fece un giro di ricognizione frugando nei cassetti del comò, dentro l'armadio e persino nelle cassette della frutta, alla ricerca di contante, di monili d'oro e orologi. Salvo trovò qualche banconota e un orologio subacqueo che infilò in una delle tasche dei pantaloni. Decise di portare via anche alcune scatolette di tonno e fagioli che sistemò in un sacchetto in plastica. Subito dopo, tirò fuori dall'armadio della camera, alcuni asciugamani che sparpagliò a terra, nelle varie stanze e che irrorò con la benzina, facendo attenzione a non bagnare la suola delle proprie scarpe. A quel punto, da un mobile dell'ingresso, prelevò un quotidiano e con l'accendino diede fuoco a quella carta; gettò i fogli di giornale sul primo degli asciugamani imbevuti di benzina. Le fiamme si propagarono in un attimo. Salvo con il sacchetto in plastica nella mano, si sfilò dal volto il passamontagna, quindi uscì dall'appartamento e salì sull'ascensore che era rimasto a quel piano. Appena fu in strada, raggiunse a passo svelto la propria auto, salì a bordo, avviò il motore e s'allontanò quel tanto che bastava per riuscire a vedere l'arrivo dei mezzi di soccorso. Il giorno successivo, in televisione, il conduttore del telegiornale regionale diffuse la notizia dell'incendio che aveva distrutto completamente l'appartamento del terzo piano e danneggiato alcune parti comuni del caseggiato. Nell'udire la notizia, sulle labbra di Jessica comparve un ghigno satanico. Mezz'ora dopo, telefonò a Salvo e si accordò con lui per il saldo. Il giorno successivo, Carmelo Anselli telefonò all'ex amante e la insultò.

«Jessica sono sicuro che sei stata tu a dar fuoco al mio appartamento»

«Sei matto? Secondo te mi dovrei scomodare per dar fuoco al tuo alloggio?»

«Solo tu potevi farlo, visto che hai ancora una copia delle chiavi di casa mia»

Jessica s'inventò una scusa e rispose: «Eh, no! L'ultima volta che sono stata lì da te, ho posato le chiavi sul bancone; quindi, non dare la colpa a me».

«Jessica se scopro che sei stata tu, mi vendicherò».

«Cos'è? Mi stai forse minacciando? Carmelo sei una

nullità».

«Tu invece sei una poco di buono!»

L'uomo terminò la chiamata, Jessica fissò il cellulare e imprecò: «Bastardo!»

Carmelo a causa del foglio che aveva firmato, non poté querelare Jessica ma si vendicò andando a parlare a Viviana.

CAPITOLO II

VIVIANA

Il giorno dopo, Viviana notò che accanto al cancello della scuola, c'era un tizio con abiti trasandati e dai capelli lunghi, che la guardava con insistenza. La ragazza fece finta di nulla, ma non appena gli passò accanto, lui la chiamò per nome.

«Viviana!»

Lei voltò lo sguardo e domandò: «Dice a me?»

«Sei Viviana Lodi?»

La ragazza annuì, mentre mille pensieri le attraversarono la mente.

«Non la conosco, cosa vuole?» domandò lei

«Ti devo parlare di alcune cose, ma sono riservate e quindi non lo posso fare di sicuro qui»

«I miei genitori m'aspettano a casa»

«Ti conviene darmi retta»

«Va bene, allora spostiamoci da qua»

I due raggiunsero il viale e Viviana si rivolse a quel tizio chiedendo: «Beh, cosa voleva dirmi di così importante e riservato?»

Carmelo tirò fuori dalla tasca la foto che Pietro aveva lasciato nel suo negozio. Viviana sgranò gli occhi e a voce alta esclamò: «Ehi, ma lei sta baciando mia madre!»

«Sì. Tuo padre andò via da casa perché aveva scoperto il tradimento»

«Ma perché ora mi mostra questa foto?»

«Tua madre mi fece credere che voleva separarsi da tuo padre e m'illuse di voler venire a vivere con me. Sai le domeniche in cui vi ha raccontato di essere stata con le sue amiche in centro? Balle! In realtà lei è venuta a casa mia per fare sesso; poi però mi ha scaricato per ritornare a fare la brava mogliettina tutta casa e chiesa. Scusa lo sfogo, ma non sapevo con chi parlarne. Ora me ne vado, ciao!»

La ragazza lo salutò con un cenno del capo e pensò: «Mia madre che bacia quel tizio! Che devo fare? Devo far finta di nulla o le dico che so tutto quanto?»

Viviana si spostò con la mano un ciuffo di capelli dal viso, quindi decise di ritornare a casa. Quel giorno ma anche nei seguenti, la madre ebbe come la sensazione che Viviana la stesse controllando. Un paio di volte le capitò di voltarsi di colpo e vide che la figlia la stava osservando in modo diverso dal solito. Viviana sembrava pensierosa e nervosa, mentre a tratti pareva svogliata e spesso si domandava: «Possibile che lei abbia tradito papà con quel tipo?»

Tutti questi pensieri le fecero perdere la solarità. Un pomeriggio, la mamma le chiese: «Figlia mia, cos'hai?»

Viviana fece spallucce e rispose: «Niente, perché?»

«Ti vedo strana, spesso mi osservi come se volessi dirmi qualcosa. Problemi a scuola?»

«Ma no!»

«Meglio così: ma se c'è qualcosa che non va...»

La ragazza sbuffò e replicò: «Mmm, basta con tutte 'ste paranoie!»

«Ehi, ma come ti permetti di parlare a tua madre in questo modo? Va' subito in camera tua, non ti voglio più vedere fino a stasera»

La ragazza con lo sguardo carico di risentimento, replicò: «Già, così sei più libera di baciare quel tizio della foto, con i capelli lunghi e i jeans strappati, vero?»

La donna le si avvicinò e cercando di afferrare la figlia per un braccio, rispose: «Viviana ascolta, ti posso spiegare tutto quanto!»

La ragazza si scostò malamente da lei e replicò: «Come hai potuto tradire papa? Vergognati!»

«Ecco, io vorrei farti capire che...»

«Mamma, lascia stare; stai zitta che è meglio!»

Jessica a quelle parole, lasciò partire una sberla che colpì la figlia in pieno volto. Quest'ultima, con occhi pieni di rancore, portò una mano al viso e senza profferire verbo, si voltò e andò in camera. Jessica indossò il soprabito e raggiunse il negozio di Carmelo per staccargliene quattro. Viviana in lacrime, afferrò lo zaino, infilò all'interno i pochi effetti personali che possedeva; dopodiché ruppe in mille pezzi il salvadanaio e raccolse i quattrini che ritirò nel portafoglio. Scrisse poche righe su un foglio che appoggiò sul ripiano del tavolo in cucina. Subito dopo, afferrò zaino, cellulare e giubbotto e uscì da casa. Raggiunse la vicina fermata e salì sul primo autobus che arrivò.

Viviana per celare gli occhi rossi e gonfi per il pianto, indossò un paio di occhiali da sole. Giunta alla biglietteria della stazione, si rivolse all'uomo dietro allo sportello e chiese: «Un biglietto per Follonica»

L'impiegato incassò la cifra, stampò il biglietto e lo consegnò a Viviana che cercò il binario da cui sarebbe partito il treno. La ragazza salì e prese posto all'interno dello scompartimento di seconda classe. Squillò il cellulare e la giovane, sbuffò.

«Viviana sono la mamma...dove sei?»

«In stazione, sto partendo»

«Coooosa? Per andare, dove?»

«Sono confusa»

«Ti chiedo scusa!»

«Mamma, le scuse falle a papà»

«Viviana lui sa già tutto. Tuo padre non deve venire a sapere della nostra discussione; altrimenti mi manda via da questa casa»

In quel momento, rientrò Pietro e nell'udire l'ultima frase, domandò: «Jessi cos'è che non devo sapere? Perché dovrei mandarti via?»

La donna in preda al panico, salutò la figlia e voltandosi a guardare il marito con voce greve, disse: «Nostra figlia è sul treno, ma non so dove sia diretta»

«Mi sembra di vivere in mezzo ai matti! Ora la chiamo io»

L'uomo formò sul cellulare il numero della figlia e non appena lei rispose, le domandò: «Viviana dove sei?»

«Sul treno»

«Scendi alla prima stazione perché vengo a prenderti»

«No, papà! Sono maggiorenne e devo fare delle esperienze»

«Ma qui ci siamo noi, le tue amicizie, la scuola da finire e tante altre cose; non puoi pensare di mandare ogni cosa all'aria in questo modo»

«Devo voltare pagina e mettermi in gioco per capire se posso farcela da sola»

«Viviana solo un mese fa mi hai supplicato di tornare a casa ed ora stai andando via tu. Sono confuso e perplesso in merito alla tua decisione di fuggire. Nella vita, non serve a nulla scappare, ma bisogna affrontare di volta in volta i problemi per superare gli ostacoli»

«Papà, devo cercare delle risposte»

Pietro rise in modo sardonico e concluse: «Risposte? Potevi parlare con me e avrei fugato i tuoi dubbi»

Nel sottofondo, Pietro udì la voce che tramite l'altoparlante annunciò: «Stazione di Follonica!»

Cadde la linea telefonica e Pietro si voltò verso la moglie dicendo: «Jessi nostra figlia è arrivata a Follonica»

Lei sgranò gli occhi e il suo pensiero corse all'albergo in cui aveva soggiornato Carmelo e si domandò: «Come mai è andata là? Non è che Carmelo le ha dato il nome dell'albergo dove facevamo l'amore e ora cerca le prove per darle a suo padre? Magari non è neppure quello il motivo»

Pietro telefonò all'ispettore di polizia di zona spiegando cos'era successo, ma l'uomo rispose che Viviana era maggiorenne e pertanto, poteva disporre come voleva della propria esistenza.

«La polizia non può fare niente e non ci resta che aspettare che Viviana cambi idea e torni a casa»

Jessica corse ad abbracciare il marito. Nei mesi successivi, in attesa che la figlia si decidesse a ritornare a casa, Pietro si tuffò totalmente nel lavoro, facendo molte ore di straordinario nella ditta in cui era impiegato, mentre Jessica iniziò un'altra relazione clandestina. Stavolta però l'uomo era sposato e non aveva nessuna intenzione di lasciare la ricca moglie.

CAPITOLO III

ALDO GIORI

Viviana non rivelò al padre il motivo della sua partenza. Il treno giunse alla stazione di Follonica, la giovane scese dal mezzo e si avviò a piedi verso il centro della città. Camminando, notò che appeso alla vetrina di un bar, c'era un cartello su cui era scritto che cercavano una ragazza per il servizio caffetteria. Dopo un attimo di esitazione, entrò nel locale. La proprietaria del bar, la squadrò da capo a piedi e con un sorriso, esclamò: «Viviana il posto è tuo!»

La ragazza per la contentezza, l'abbracciò dicendo: «Lei è un angelo!»

La donna rise, la pregò di accomodarsi al tavolino per parlare sia dell'orario, sia dello stipendio e intanto le preparò un caffè. Subito dopo, la ragazza le domandò se in zona c'erano dei monolocali in affitto.

«Purtroppo, no, ma dato che lavorerai per me, potrei affittarti una stanza di casa mia. Sono sola e l'appartamento dove abito è molto grande per cui potrei rinunciare ad una stanza per darla a te. Dal primo stipendio che ti dovrò versare, scalerò l'affitto di centomila lire. Che ne dici?»

«Signora, grazie mille!»

«Chiamami solo Elisa. Torna qui all'ora di chiusura del bar così ti porto a casa mia; mangeremo cena e potrai sistemare le tue cose in camera. D'accordo?»

Viviana le sorrise ed esclamò: «Sì, certo!»

Il giorno dopo, Viviana iniziò il lavoro nel bar di Elisa una quarantenne alta, un po' paffutella e dai modi gentili; tra loro due, s'instaurò un buon rapporto e la giovane le raccontò quanto accaduto in famiglia. Elisa commentò: «Beh, la cosa è grave; però è pur sempre tua madre. Non puoi e non devi giudicarla. Hai detto che vai d'accordo con tuo padre, ma non puoi sapere se il loro rapporto funziona»

«Papà ha sempre lavorato sodo per noi»

«Questo non significa nulla; se tua madre ha cercato

conforto nelle braccia di un altro, è perché con tuo padre non c'è lo stesso feeling che forse ha trovato nell'amante. Tua madre, ti ha forse fatto mancare l'amore?»

«No, è sempre stata una brava mamma»

«Allora devi voler bene a entrambi, senza andare a sindacare le cose che sono state fatte. Io mi sono separata mentre altre donne, scelgono di restare con il marito, cercando però altre relazioni»

«Grazie, la tua è stata un'ottima lezione di vita»

«Sono contenta di poter essere utile a qualcuno. Ora vado a dormire; domani sarà un'altra giornata tosta»

«Buonanotte, Elisa!»

«Notte a te!»

Prima di addormentarsi, la ragazza meditò sui discorsi fatti. Viviana cambiò atteggiamento con la madre telefonandole spesso e ogni volta Jessica le chiedeva: «Figlia mia, quand'è che torni a casa?»

Qualche mese dopo, nel bar entrò un uomo di corporatura robusta, con i capelli lunghi e biondi che teneva legati a coda di cavallo. Viviana stava pulendo i tavoli e quel tipo, le domandò: «Posso sedermi? Vorrei un cappuccino e un cornetto alla crema»

«Si, glieli porto subito»

La ragazza tornò al bancone e preparò quanto richiesto. Elisa si assentò per delle consegne mentre Viviana posò la colazione sul tavolino di quel cliente.

«Sei nuova? Non ti ho mai visto, qui»

«Sì, lavoro qui solo da tre mesi»

«Sai che sei proprio carina? Ora che so che ci sei tu, verrò qui più spesso a fare colazione»

Viviana confusa, abbassò lo sguardo.

«A proposito, il mio nome è Aldo Giori»

L'uomo le porse la mano che la ragazza strinse rispondendo: «Viviana Lodi»

«Sono batterista in un complesso rock e ogni fine settimana, suoniamo nelle principali piazze toscane. Viviana quanti anni hai?»

«Diciannove»

«Ah, però! Ne dimostri qualcuno in più; io ne ho già compiuti venticinque. Viviana sei fidanzata?»

«No»

«Sono libero anch'io. Sabato sera, ti andrebbe di venire a sentirmi suonare?»

Viviana fece una smorfia con le labbra, quindi rispose: «Perché no? Dimmi dove siete»

«Questo fine settimana, ci troverai nel piazzale del Comune»

In quel momento, rientrò Elisa con il vassoio vuoto e credendo che il tizio le stesse dando fastidio, la chiamò al bancone dicendo: «Viviana puoi venire qui un attimo?»

La ragazza raggiunse la titolare che le domandò: «Quel tipo ti sta forse dando fastidio?»

«No, mi ha invitata a sentir suonare la sua band»

Elisa storse le labbra e rispose: «Mmm, quello là, non mi piace per niente»

Viviana le sorrise, poi replicò: «É un cliente del bar»

L'uomo finì di bere, s'alzò per andare alla cassa a pagare e prima di uscire, si sporse dicendo: «Allora ti aspetto sabato sera nel piazzale del Comune, ok?»

Lei annuì e lo salutò. Elisa alzò gli occhi al cielo e sbuffò mentre il suo ciuffo le svolazzò sulla fronte. Aldo non aveva un mestiere ben definito, né un'attività fissa. Raggranellava un po' di lire quando si esibiva con il gruppo e se non c'erano ingaggi, prendeva il pullman e si spostava in altre città per vendere magliette con disegni o loghi impressi a caldo. Arrivò il sabato sera e Viviana andò a sentir suonare Aldo e la sua band. Il complesso suonò di seguito per oltre mezz'ora, poi ci fu una piccola pausa. Quando Aldo scese dal palco, vestito con pantaloni in similpelle neri e la maglietta grigia, notò che Viviana era seduta tra il pubblico. L'uomo le si avvicinò e con un sorriso, le disse: «Allora, ti piace la nostra musica?»

«Mmm, mezz'ora di fila di suoni privi di canto, sinceramente mi stufano un po'; non è il genere musicale che mi piace»

«Cosa ascolti di solito?»

«Cantautori, gruppi stranieri di discomusic o funky»

«Beh, potresti sempre cambiare idea, no?»

Viviana non rispose, ma guardò altrove. Un leggero suono di chitarra e Aldo esclamò: «Devo tornare sul palco a suonare; ci vediamo più tardi?»

«Sono un po' stanca e vado a dormire. Ciao!»

«Ciao, a presto!»

La ragazza s'allontanò a passo svelto, mentre Aldo la seguì con lo sguardo e sospirò. Qualche giorno dopo, l'uomo ritornò nel bar; s'avvicinò a Viviana, aprì il borsone che aveva in mano e le mostrò il contenuto dicendo: «Queste sono le magliette che vendo»

La ragazza sbirciò all'interno e notò che le magliette in vari colori avevano loghi e scritte rock.

«Uhm, belle! A che prezzo le vendi?»

«Diecimila lire ma se ne scegli una che ti piace, te la vendo a ottomila lire.»

La ragazza scelse una maglietta con un disegno tribale.

«Affare fatto! Prendo questa»

«Ottima scelta»

La ragazza tirò fuori il portafoglio e pagò mentre Aldo le chiese: «Quando ci rivediamo?»

«Sabato suoni?»

«No, se vuoi possiamo andare in cremeria»

«Alle ventuno?» domandò la ragazza

«Ok, a sabato!»

Viviana annuì e l'uomo uscì dal bar. Il giorno dopo, Elisa lo venne a sapere e commentò: «Ma l'hai guardato bene?»

«Sì, perché?»

«Tu sei una ragazza fine, mentre quel tipo è rozzo e poi girano strane voci sul suo conto»

«In che senso, strane?»

«Pare che la band si faccia le canne»

«A me non sembra; ieri è stato qui e...»

«Un'altra colazione?»

«Sì, m'ha venduto anche una maglia»

«Pure! Almeno ha pagato la consumazione?»

«Sì, certo»

Elisa fece una smorfia, poi caricò la lavastoviglie mentre

Viviana andò a pulire i tavoli all'aperto.

«Se questa ragazza non si sveglia, resterà fregata; ma che posso farci? Non sono mica sua madre!» pensò Elisa

All'inizio, Aldo e Viviana si vedevano solo poche ore durante i fine settimana, ma dopo un po' che si frequentavano, Aldo le propose di stabilirsi a vivere a casa sua.

«Sei sicura? Guarda che lui abita con la madre e dovresti pensarci almeno cento volte prima di accettare una cosa del genere» ribadì Elisa

«Perché dici questo?»

«Non credo sia adatto a te; comunque, a parte questo, a casa mia, puoi fare ciò che vuoi, ma non sarà altrettanto quando andrai ad abitare dalla madre di Aldo»

«Potrò continuare a lavorare nel tuo bar?»

«Certo e se non andrai d'accordo con loro, potrai tornare da me»

Viviana stampò un bacio sulla guancia di Elisa dicendo: «Grazie!»

Una settimana dopo, Viviana si trasferì nell'appartamento della madre di Aldo. L'alloggio, situato al penultimo piano di un caseggiato lontano dal centro, era abbastanza grande e formato da ingresso, cucina, bagno, salotto e camera da letto. L'arredamento era un'accozzaglia di stili, privi di buon gusto. Quando Viviana entrò in casa, la donna l'accolse con slancio esagerato e disse: «Cara, spero che voi due siate felici»

«Sì, anch'io»

«Voi due piccioncini, dormirete nella mia camera matrimoniale; mentre io mi sistemerò sul divano, in salotto»

«Signora, mi spiace darle così tanto disturbo»

«Ma quale disturbo! Per la felicità di mio figlio, farei qualsiasi cosa. Cara, ora vai a sistemare la tua roba nell'armadio o nel comò»

«Grazie, signora»

Viviana si voltò per andare in camera, ma la donna la richiamò dicendo: «Viviana, tesoro!»

«Sì?»

«Da questo momento dovrai chiamarmi solo mamma, siamo intesi?»

Viviana si ritirò in camera dove rimase fino all'ora di cena. Aldo nervoso per non aver venduto le magliette, gettò a terra il borsone; quindi, aprì il frigorifero e afferrò la bottiglia d'acqua.

«Figlio mio, che c'è?»

Aldo non rispose alla madre, svitò il tappo della bottiglia e portandola alla bocca, bevve due sorsate.

«Sei duro, eh? Testone, ti ho detto mille volte, di non bere dalla bottiglia!»

Lui le lanciò uno sguardo di fuoco e replicò: «Ma', t'ho detto mille volte di non rompere!»

La donna recitò una tiritera di cose che aveva fatto in quei giorni, come ad esempio aver ceduto la camera a lui e a Viviana.

«Ma', se ti dà tanto fastidio, lei ed io ce ne andiamo in un monolocale, così non sentiremo le tue prediche o i rimproveri. Capisci che sono maggiorenne e se voglio, posso bere dalla bottiglia e anche fare la pipì senza poi abbassare la tavoletta del wc?»

La donna scoppiò a piangere e Aldo si passò la mano tra i capelli dicendo: «Ecco, mo' frigni!»

La madre con gli angoli delle labbra piegati all'ingiù, le lacrime agli occhi, replicò: «Aldo non ti rinfaccerò più nulla; tu e Viviana potete restare qui»

L'uomo sorrise, quindi le domandò: «A proposito, lei dov'è?»

«Di là, nella mia camera che ora è vostra» rispose la madre

Aldo sbuffò, alzò gli occhi al soffitto.

«Ma', ricominci con sta' solfa?»

Aldo andò in camera; Viviana era sdraiata sul letto e fingeva di dormire. Lui le sedette accanto e accarezzandole il volto, esclamò: «Vieni di là!»

La ragazza, aprì gli occhi e annuì. La madre di Aldo non era brava ai fornelli e Viviana avanzò nel piatto buona parte del cibo.

«Perché non mangi? Non ti piace?»

La ragazza nel timore di offenderla, rispose: «No, sono un po' stanca»

La madre di Aldo sorrise e ribadì: «Cos'hai fatto per essere così stanca? Hai solo ritirato la tua roba nei cassetti; cosa devo dire io che oltre al lavoro, devo far pulizia e prepararvi anche da mangiare?»

«Ma', se lei non mangia perché è stanca, non insistere»

«Vabbè, preparo il caffè» concluse la donna

Nei giorni successivi, le cose peggiorarono. Viviana al rientro dal bar, assisteva agli scontri tra Aldo e la madre. Un mattino, Elisa le domandò: «Allora come va in quella casa?»

Viviana non osò lamentarsi e rispose: «Bene»

Elisa la guardò in volto, scosse la testa e ribatté: «Dall'espressione e dal tono di voce, dubito che vada bene. Dovevo impedire il tuo trasloco là da loro»

«Già!» rispose Viviana

Il ménage tra Aldo e Viviana non fu dei più esilaranti. Lui le confessò di aver fatto uso, in passato, di spinelli, ma le giurò di aver smesso. Inoltre, Viviana capì che suonare e vendere maglie non era così redditizio come lui le aveva fatto credere all'inizio. La sera a letto, se facevano l'amore, la madre dal salotto, batteva dei colpi alla parete. Viviana scoprì di essere incinta e lo disse mentre erano seduti a tavola. Aldo l'abbracciò, mentre la madre, manifestò il proprio malcontento dicendo: «Aldo sai cosa significa guardare un bambino sei giorni su sette, cucinare, fare pulizia e stirare? Viviana dovrebbe licenziarsi, così potrebbe badare a suo figlio»

«Che fesserie dici? Quei soldi ci servono; tu sei in pensione e hai del tempo libero»

«Già! Poi non potrò andare neppure a comprare un paio di calze nel negozio o far visita alla mia amica e scambiare due parole. Un figlio era proprio necessario?»

Aldo si passò una mano sul viso, quindi rispose: «Ma', che stai dicendo? Il nipote lo guarderai tu»

La madre sbuffò, raccolse i lunghi capelli in cima alla nuca e li fissò con un pinzone colorato. Durante la gravidanza, Viviana si rese conto dell'egoismo di Aldo. La donna in quei mesi, accusò molti disturbi, tra cui anche una lieve minaccia d'aborto. La madre di Aldo si assentò per andare in visita a parenti e l'uomo rinfacciò alla compagna di non aver pulito a fondo la casa o non aver cotto a sufficienza le verdure. Viviana telefonò ai genitori per avvisarli che il momento fatidico era giunto. Il parto non presentò complicazioni e al neonato di quattro chili di peso, per volere della madre di Aldo, fu assegnato il nome Alfredo. I genitori di Viviana, giunsero in ospedale per starle accanto e in quell'occasione, conobbero Aldo e la madre. Quei due fecero una strana impressione a Pietro che s'avvicinò alla moglie e a mezza voce, commentò: «Jessi non sono soddisfatto della scelta di nostra figlia. Aldo e la madre, non mi piacciono nemmeno un po'»

«Pietro se è per questo, non piacciono neppure a me»

Quel giorno stesso, mentre erano tutti in ospedale, la madre di Aldo si avvicinò a Jessica e dopo averla squadrata da capo a piedi, le domandò: «Ha visto quant'è bello il piccolo Alfredo?»

«Sì, ma perché questo nome un po' antiquato?»

«E' un nome fine e Aldo ha approvato la mia scelta»

«Ma l'opinione di Viviana, per voi non conta?»

La donna, punta sul vivo, cambiò discorso dicendo: «Jessica vero che il bimbo assomiglia a mio figlio?»

«E' presto per giudicarlo; a mio parere ha preso da entrambi i genitori» concluse Jessica

«Uhm, insisto! È tutto Aldo!» concluse stizzita la donna

Jessica alzò gli occhi al cielo e pensò: «Pallosa!»

Quattro giorni dopo, al rientro dall'ospedale, Viviana trovò in camera, una culla piena di volants e nastrini, comprata dalla madre di Aldo.

«Hai visto? Oltre alle tutine e bavaglini, gli ha comprato pure la culla»

Viviana arricciò il naso e rispose: «Già! I miei gusti però sono altri»

«Spiegati meglio, non capisco»

«Scusa, ma secondo te, Alfredo dovrebbe mettere tutine con nastrini dai colori così sgargianti? Sembrano dei vestiti da clown»

«Sì, è vero, ma li ha comprati mia madre e quindi non abbiamo speso soldi nostri»

«Vorrai dire soldi miei, che guadagno lavorando»

«Sempre a "guardare il capello"!»

Viviana per pace familiare, lasciò perdere ma pensò che

presto avrebbe buttato via tutte quelle tutine. Aldo cominciò a chiamare il figlio con il diminutivo Freddie. Viviana ne fu contrariata, ma lui le rispose: «E' un nome d'arte, perché da grande farà parte di un complesso rock»

«Scusa, ma il suo nome è Alfredo»

«Non dirmi che Freddie non ti piace!»

«Nostro figlio lo devi chiamare con il nome per intero e non credo che andrà mai a suonare in una band, anche perché ho altri progetti per il suo futuro.»

«Vabbè, fai come vuoi; per me, lui è Freddie»

Viviana scosse la testa e pensò: «Perché non mi sono accorta prima che era così ignorante?»

Aldo diventò geloso delle attenzioni che Viviana rivolgeva al figlio e per questo litigarono spesso. Una sera, la madre di Aldo decise di andare in pizzeria con le amiche, mentre figlio, nuora e nipotino, restarono a casa. Dopo cena, fra i due conviventi nacque una discussione alquanto accesa. Alla fine, Aldo la schiaffeggiò. Lei scoppiò a piangere e si rifugiò in camera. Il piccolo Alfredo stava dormendo nella culla e non s'accorse di nulla. Aldo non si scusò con lei, ma uscì per incontrare gli amici in birreria. Il giorno successivo, l'uomo si comportò come se nulla fosse successo, Quella sera, mentre Viviana stava preparando il biberon per Alfredo, Aldo dal salotto le urlò: «Beh, stasera non si cena?»

«Io non mangio, se hai fame preparati qualcosa tu»

«Eh, già! Tutte le scuse sono buone per non fare un fico secco, vero?»

Viviana preferì tacere, imprecando a bassa voce per non farsi sentire dal compagno. La donna andò in camera, prese Alfredo in braccio e cominciò a dargli da mangiare. Il bimbo le sorrise e lei gli sussurrò: «Meno male che ci sei tu, amore della mamma!»

Un mese dopo, Viviana s'accorse che il compagno aveva ricominciato con gli spinelli. Un pomeriggio, la donna rientrò prima del previsto dal lavoro e trovò Aldo disteso sul letto a sonnecchiare. L'uomo aveva finito da poco di consumare lo spinello e tutto sudato, aprì un occhio, le sorrise e come un perfetto ebete, le domandò: «Già a casa?»

Viviana s'accorse subito che nella stanza aleggiava l'odore di quelle sostanze.

«Sì, sono già qui; giusto in tempo per capire che mi hai mentito di nuovo»

Aldo si drizzò a sedere, si ravviò i lunghi capelli grassi, quindi rispose: «In che senso, mentito?»

Viviana nell'udire quella domanda, con tutta la rabbia che provava in corpo, alzò la voce dicendo: «Mi avevi promesso che non avresti più fumato questa "merda" e invece...»

«Viviana, guarda che non è come pensi tu»

«Ah, no? Ma ti sei visto in che stato sei?»

La donna staccò lo specchio dall'ingresso e lo posizionò proprio davanti ad Aldo dicendo: «Guardati, sembri una larva umana! Io mi alzo presto, mi spacco la schiena a lavorare nel bar e tu sei qui, stravaccato sul letto a spinellarti! Tanto c'è la sguattera che a fine mese, porta un bel po' di soldi a casa, no? Non hai riguardo neppure per nostro figlio che deve respirare questa merda che fumi!»

«Viviana dovevo forse uscire sul balcone a fumare e lasciare Freddie da solo? Inoltre, è colpa mia se non riesco a trovare un lavoro decente?»

«Adesso basta! Sono stufa di essere presa per i fondelli da te. Come fai a trovare un lavoro, se neppure lo cerchi? Guarda che non viene a bussare alla porta di casa, mentre te ne stai sdraiato a letto!»

Viviana imprecò ad alta voce, quindi riappese lo specchio. La madre di Aldo, rientrò e nel captare le voci concitate in camera da letto, s'affacciò sulla porta. Nell'udire Viviana che accusava Aldo di essere un poltrone, s'inalberò dicendo: «Eh, no! Mio figlio, non si merita queste cattiverie, capito?»

«Le ho forse tolto il primato? Mamma, com'è che invece di smuovere suo figlio, gli tiene pure le parti?»

La donna inviperita, agitò avanti e indietro l'indice davanti al volto di Viviana dicendo: «Eh, no! Bella mia, non chiamarmi mamma con questo tono da presa in giro; ma chi ti credi di essere? Ti ho ospitata qui, faccio le pulizie, cucino e ti guardo pure il bambino e tu che fai? Mi sfotti con un tono da marchesa; eh, no...non ci sto! Carina, cambia pure atteggiamento, altrimenti vai via, mi sono spiegata?»

«Certo, signora mamma! Ora abbassi il tono di voce. Alfredo sta dormendo; se continua a berciare in codesto modo, si sveglierà e poi lo dovrà cullare lei che è appena tornata da una partita a carte con quella pettegola della sua vicina»

La donna inviperita fece varie smorfie con la bocca, quindi girò i tacchi e andò in cucina. Aldo la raggiunse per smorzare un po' i toni e scusarsi per le risposte di Viviana che con le lacrime agli occhi, tirò giù dalla parte alta dell'armadio, due trolley. Spalancò le ante dell'armadio e dopo aver sfilato i pochi abiti che aveva, li ripose nel trolley assieme a tutti gli effetti personali contenuti nel primo cassetto del comò.

Nel secondo trolley, mise la roba del bambino. Richiuse il tutto e nascose i bagagli dietro i tendoni; dopodiché andò in cucina. Durante la cena, nessuno dei tre parlò. Viviana si alzò per sparecchiare e lavare i piatti, mentre la suocera si ritirò in salotto per guardare una fiction alla tivù. Aldo si avvicinò a Viviana dicendo: «Vado in birreria per parlare con i ragazzi della band; però, torno a casa presto. Stasera mi sento un leone e quando arrivo giochiamo un po', d'accordo?»

Lei non rispose; l'uomo le schioccò un bacio sulla guancia ed uscì. Viviana gettò con stizza sul tavolo, il panno che aveva in mano e pensò: «Il sesso te lo fai da solo! Devo sparire da qui, prima del suo ritorno»

Viviana andò in camera da letto, indossò il giubbottino in jeans, afferrò i due trolley e li portò vicino alla porta d'ingresso che aprì per posare i bagagli sul pianerottolo, quindi s'avvicinò alla culla per prendere in braccio Alfredo. Aldo tornò indietro per un foglio dimenticato su un mobile e quando la porta metallica dell'ascensore, s'aprì, nel vedere il bagaglio, intuì subito le intenzioni della compagna; pertanto, si fiondò in camera da letto e ad alta voce sbottò: «Viviana posso sapere che intenzioni hai?»

«Me ne vado. Non riesco più a vivere con te; tua madre poi, è completamente fuori di testa!»

«Tu da qua non te ne vai, capito?»

Viviana guardò il compagno con aria di sfida. Lui si parò davanti alla culla, per impedirle di prendere il figlio.

«Spostati! Devo prendere Alfredo»

«Viviana "nostro" figlio Freddie non si muove da qua! Ti prometto che troverò un lavoro e cambierò per il bene di tutti noi»

«Aldo tu ed io non siamo compatibili e poi c'è tua madre sempre tra i piedi, non la sopporto più! Rivoglio la mia libertà. Tornerò dalla mia famiglia; questa per me, non è più vita»

«Viviana io ti amo e non ti lascio andare via»

Lei lo guardò con aria sprezzante, quindi replicò: «Vorresti forse impedirmelo?»

«Certo!»

La donna credendo fosse un bluff, cercò di spostare Aldo per poter prendere il figlio che stava dormendo; lui però la bloccò con forza e le diede una spinta facendole perdere l'equilibrio. Lei finì sul letto e l'uomo con un grugnito esclamò: «Forse non mi hai capito; tu non te ne vai!»

«Vedremo!» La donna s'alzò dal letto e si gettò contro il compagno; gli mollò un calcio allo stinco destro e lui si lamentò per il male. Aldo le mollò un pugno in pieno viso, colpendola all'occhio e Viviana pianse dal dolore.

«Finiscila! Sai che non mi piace sentirti frignare» disse Aldo

«Stronzo!» rispose lei tra le lacrime.

L'uomo non replicò, ma andò sul pianerottolo, afferrò i trolley e li riportò in camera da letto; quindi, zittì la madre che era accorsa per il gran vociare. Il bambino si svegliò piangendo e Viviana cercò di calmarlo. Un'ora dopo, allorché la madre di Aldo si coricò sul divano, Viviana si distese a letto con la borsa del ghiaccio sull'occhio dolorante. Aldo invece era in cucina con lo spinello acceso. Il mattino successivo, quando Viviana arrivò al bar, dovette spiegare a Elisa il vero motivo di quel livido; poi scoppiò in lacrime e la titolare corse ad abbracciarla dicendo: «Povera stella! Quell'uomo è da denunciare!»

Non appena Viviana si calmò, le rispose: «Elisa ho fatto un figlio con lui e non voglio che crescendo, debba portare il peso dei nostri errori.»

«Allora che farai?»

«Troverò il modo per fuggire da quest'inferno»

Nel bar entrò un cliente e le due donne sospesero il discorso.

Quella stessa sera a casa, mentre Aldo si stava coricando, lei gli disse: «Ho preso una decisione importante»

«Ah, sì? Quale?»

«Dobbiamo lasciare questa casa»

«Ma sei matta? Dove andiamo?»

«A vivere per conto nostro»

«Oh, bella! Tu non stai bene. Qui fa tutto mia madre e in più ci guarda il bambino a costo zero; mentre se andiamo altrove, dovremo pagare un affitto, le spese e inoltre come faremo con Freddie?»

«A lui ci potresti pensare tu, l'affitto lo pagheremo con una parte del mio stipendio e la rimanenza la useremo per comprare il cibo, che ne pensi?»

Aldo si massaggiò il mento, poi rispose: «Non è un'idea malvagia. Ciò che mi preoccupa è la reazione di mia madre alla notizia»

«A mio parere, sarà sollevata dal troppo lavoro di questi mesi»

«Dici? Mah, non so...forse hai ragione; se invece avesse una crisi di nervi?»

Viviana a stento riuscì a trattenere una risata, mentre pensò: «Lei potrebbe avere una crisi di nervi? Quella là, la crisi la fa venire agli altri!»

«Vabbè, dai! Proverò a parlare a mia madre della faccenda e poi staremo a vedere»

Il giorno successivo, Aldo comunicò alla madre la notizia e la donna euforica, esclamò: «Uh, che bello! Voi due avete diritto a stare un po' per conto vostro; anch'io riavrò la mia libertà e tornerò a dormire nella mia camera. Potrò andare a giocare a carte o in pizzeria senza dover chiedere il permesso a nessuno»

«Mamma, credevo che avresti reagito male, bah, in fondo è meglio così!»

«Beh, certo un po' triste lo sono, ma giorno dopo giorno, mi passerà»

«Ora dobbiamo cercare un alloggio»

«Aldo la mia vicina ha un mini alloggio da affittare; vado a parlarle?»

«Sì, così poi lo dico a Viviana»

La madre s'alzò dalla sedia, uscì sul ballatoio e andò a suonare alla porta della vicina con la quale confabulò per circa dieci minuti; quando ritornò dentro casa, si rivolse al figlio spiegando: «Mi ha detto che l'alloggio non è grande ma il mobilio è nuovo e il bagno è rifatto. Quando troverai un lavoro, cercherete qualcosa di più grande, sempre che stiate ancora insieme»

«Mamma perché dici questo? Noi ci vogliamo bene»

«Sì, sì, certo! Le coppie dicono tutte così, però poi si separano»

«La vicina quanto vuole d'affitto?»

«Centomila lire al mese più le spese»

«Vado subito a dirlo a Viviana»

Tre giorni dopo, i due si spostarono in quel minialloggio del secondo piano poco distante dal bar. Viviana buttò l'orribile culla e comprò un lettino in legno color frassino per Alfredo. L'alloggio era piccolo, ma arredato con gusto. Viviana pensò che togliendo la suocera di torno, forse il rapporto con Aldo sarebbe migliorato, ma non fu così. L'uomo fumando troppi spinelli, diventò irascibile; pareva provasse godimento nel creare discussioni con Viviana che a sua volta, stanca dal lavoro, rispondeva a tono. Una sera, tra i due nacque un litigio e Aldo la schiaffeggiò facendole sanguinare il naso. Viviana scoppiò a piangere e corse in camera, intanto Aldo uscì da casa per andare dagli amici. La donna, in lacrime, telefonò ad Elisa; quest'ultima, stava già dormendo e si svegliò di colpo, mentre con voce impastata dal sonno, disse: «Pronto?»

«Sono Viviana»

Elisa si drizzò di colpo a sedere sul letto dicendo: «É quasi mezzanotte, cosa succede?»

«Elisa vorrei tornare a stare da te, per qualche giorno, posso? Poi verranno i miei a prendermi»

«Senz'altro! Ma Aldo dov'è?»

«Dai suoi amici e prima di due ore non rientrerà di sicuro»

«D'accordo! Ora mi vesto e vengo a recuperarti con l'auto. Tienti pronta!»

«Ti aspetto!»

Elisa chiuse la comunicazione, infilò maglietta, jeans e scarpe da ginnastica e scese in strada. La donna a passo svelto, raggiunse la propria auto, salì a bordo e dopo aver avviato il motore si diresse dove abitava Viviana. Lei era già in strada con il bimbo in braccio e quando Elisa arrivò, sistemò Alfredo sul sedile posteriore dell'auto dicendo: «Salgo solo un attimo a prendere il bagaglio»

«Ti prego, fai in fretta! Non oso pensare a cosa potrebbe succedere se lui dovesse tornare prima del previsto»

Viviana annuì e risalì in casa. Aldo di ritorno dalla birreria, vide Elisa ferma in strada accanto alla propria auto e avvicinandosi domandò: «Scusi, lei cosa ci fa qui?»

La donna in evidente imbarazzo, rispose: «Niente, passando di qui ho pensato di salutare Viviana»

«A quest'ora? Mmm, è sicura di ciò che dice?»

Aldo sbirciò all'interno della vettura e vide Alfredo sul sedile posteriore, intento a dormire. «Freddie? Perché mio figlio è dentro la sua auto? Mi dia una spiegazione plausibile, sennò chiamo i carabinieri e la denuncio per sottrazione di minore, ok?»

Viviana uscì dal portone e quando vide Aldo parlare con Elisa, si avvicinò dicendo: «Aldo prenditela con me e non con lei, chiaro?»

L'uomo si voltò e con sguardo incollerito, rispose: «Dovevo immaginarlo che avresti di nuovo tentato di portarmi via Freddie. Ti denuncio così lui ti verrà tolto del tutto»

Aldo lasciò partire una sberla che colpì la moglie in pieno viso.

«Ehi, si vergogni; la smetta subito!»

L'uomo s'avvicinò a Elisa minacciandola: «Lei di che s'impiccia? Se non la pianta, prendo a botte anche lei e do fuoco al suo bar. Ora si scansi!»

Elisa guardò in volto Viviana; quest'ultima le fece segno con il capo di spostarsi e lei obbedì. Aldo si chinò, entrò nell'abitacolo, afferrò il bambino e reggendolo in braccio si voltò verso Viviana dicendo: «Andiamo a casa!»

Aldo si girò poi verso Elisa e con disprezzo le ordinò: «Barista dei miei stivali, la mia donna non lavorerà più nel suo locale»

L'uomo con il figlio in braccio, entrò nel portone seguito da Viviana con i trolley. Una volta dentro casa, Aldo sdraiò il figlio nel lettino e poi tornò in cucina.

«Viviana sai che potrei denunciarti, così non vedresti più il bambino?»

Lei alzò lo sguardo e fissandolo negli occhi, rispose: «Se è per questo, nemmeno tu lo potresti più vedere»

«Ahahah! Questa è un'altra delle tue sparate»

«Aldo ma in che mondo vivi? Ora siamo entrambi senza lavoro, sei fatto di spinelli e non so per quanto riusciremo a pagare l'affitto di questo alloggio. Se mi denunci, toglieranno Alfredo ad entrambi per affidarlo poi a qualche famiglia che non può avere figli. Ora, sapere queste cose, ti fa stare meglio? Il maschio che è in te, trova soddisfazione, nel punirmi per aver cercato di proteggere la nostra creatura?»

«Ma quale protezione! Viviana sono già due volte che tenti di portarmelo via, per andare dove? Da Elisa che si finge amica, mentre invece non lo è?»

«Sarei rimasta da lei, fino all'arrivo dei miei. Alfredo starebbe con loro mentre vado al lavoro»

«Se noi due restiamo insieme, posso badare io a nostro figlio»

«Aldo lo vuoi capire che il nostro rapporto non funziona più?»

L'uomo iniziò a piangere. Viviana s'alzò dalla sedia e lo abbracciò dicendo: «Aldo non continuiamo a farci del male; Alfredo sta crescendo e prima o poi si accorgerà che bisticciamo sempre. Potrebbe soffrirne»

Aldo s'inginocchiò ai suoi piedi, le tenne le mani supplicando: «Ti prego, riproviamo! Non posso stare lontano da te e da Freddie. Dammi un'altra possibilità!»

La donna nel vederlo in lacrime, decise di dargli un'altra chance.

«D'accordo! Ma devi promettere di non picchiarmi più e che cercherai un'occupazione»

«Grazie! Sì, sì, te lo prometto!»

Il loro ménage continuò ancora per qualche tempo. Viviana

un po' per la vergogna, ma anche per non far perdere clienti ad Elisa, si cercò un altro lavoro anche perché i soldi iniziavano a scarseggiare. La donna, si recò in un'agenzia interinale e un mese dopo, trovò lavoro in un ipermercato dove le affidarono il carico di prodotti sugli scaffali nelle varie corsie. Il lavoro era pesante sia per l'orario, sia per i pesi da sollevare, ma lo stipendio era buono e con una parte di esso potevano pagare l'affitto di casa. Al termine del periodo di prova, fu assunta. Quando lo comunicò a Aldo, lui esordì dicendo: «Viviana dobbiamo festeggiare; stasera andiamo tutti e tre in pizzeria»

I mesi passavano e Aldo non riusciva a trovare lavoro; pertanto, impegnava il proprio tempo nel badare al bambino che stava crescendo anche in statura. Alfredo aveva un'intelligenza fuori dal comune; il bimbo riusciva a capire al volo e a tenere a mente tutto ciò che udiva, rivolgendo ai suoi molte domande. Alfredo aveva voglia di imparare qualsiasi cosa. Il rapporto tra Viviana e Aldo si trascinò ancora per un po' di tempo. Ogni sera, subito dopo aver cenato, Aldo si addormentava sul divano in cucina, davanti al televisore acceso. La donna vedendolo poco interessato a cercare lavoro, meditò di lasciarlo. Un giorno, Viviana si licenziò dall'ipermercato e quella sera stessa, mentre Aldo dormiva sul divano, la donna andò in camera e chiamò con il cellulare la madre.

«Viviana come mai, telefoni a quest'ora? Papà sta già dormendo»

«Mamma, non so come dirtelo; Aldo ieri mi ha di nuovo picchiata»

«Cooosa? Ma quell'uomo sta dando i numeri? Figlia mia, come mai non mi hai mai detto che ti picchia?»

«Per vergogna, comunque è da quando stiamo insieme che ogni tanto alza le mani su di me»

«Invece di essere contento per averti al suo fianco, lui che fa? Il manesco! Come posso stare tranquilla, sapendo che vivi insieme a un orco? Vuoi che lo denunciamo?»

«No, dobbiamo pensare al piccolo Alfredo. Mamma, un giorno potrebbe vergognarsi di suo padre e non voglio che questo accada. I figli non devono portare sulle spalle, l'onta dei propri genitori»

«Allora, che facciamo?»

«Pensavo di lasciare Aldo e di tornare lì da voi»

«Quando?»

«Domattina di buon'ora, prenderò il pullman e poi il treno e in poco tempo, sarò lì a Grosseto, però mi dovrete venire a prendere alla stazione»

«Aspetta un attimo che lo dico a tuo padre»

Viviana attese due minuti in linea, poi udì la voce del padre che la rassicurò.

«La mamma mi ha detto tutto; parto subito e vengo lì a Follonica. Appena arrivo, ti faccio uno squillo, così scendi e ti porto via. Tra un'ora sarò lì, sotto casa. Va bene?»

«Grazie, papà!»

«A dopo, Viviana!»

La donna osservò Alfredo che dormiva tranquillo nel suo lettino e pensò: «Tesoro mio, presto avrai una vita molto diversa da questa»

Subito dopo, calzò le scarpe da ginnastica e cercando di non fare rumore, tirò fuori da dietro il tendone il trolley che aveva già preparato. La tensione in quel momento era alta; la donna sperava di riuscire a portare via il figlio senza svegliare Aldo. Viviana escluse la suoneria del cellulare che mise nella tasca dei jeans; un'ora dopo, quando il padre arrivò, percepì solo la vibrazione, controllò lo schermo e in punta di piedi con il trolley in mano, arrivò fino alla porta d'ingresso che spalancò e lo posò sul pianerottolo. Aldo si mosse sul divano e Viviana si appiattì contro la parete, mentre il suo cuore aumentò i battiti. Quando Aldo riprese a russare come prima, raggiunse la camera e prese in braccio il figlio che coprì con la copertina leggera in pile. Il bimbo aprì leggermente gli occhi; la madre lo baciò in fronte e lui riprese a dormire. Con il figlio in braccio arrivò al pianerottolo, richiuse piano l'uscio, dopodiché salì in ascensore e giunse al pianterreno. Il padre fermo in strada, aiutò la figlia a sistemare il nipote sul sedile posteriore e ritirò il trolley nel baule dell'auto. Viviana sedette accanto al figlio, mentre Pietro prese posto alla guida, avviò il motore e si diresse verso la statale per Grosseto. Qualche ora dopo, Aldo si svegliò, s'alzò dal divano, andò in camera da letto e in quel momento, vide il letto vuoto. Viviana e Freddie non c'erano più. L'uomo aprì l'armadio e notò che mancavano i vestiti della moglie; si grattò in testa, quindi telefonò alla madre. La donna con voce assonnata, rispose: «Sì, chi è?»

«Mamma, sono Aldo»

«Figlio mio, ti rendi conto che stavo dormendo»

L'uomo ad alta voce imprecò: «Lei s'è portata via Freddie! Maledetta!»

«Figlio mio, calmati! Portato via, per andare dove? Scusa, ma voi due non eravate a letto insieme?»

«No, mamma! Mi sono addormentato sul divano e al risveglio, loro due erano spariti»

«Ossignur! Voi, mi farete invecchiare prima del solito! Che facciamo, chiamiamo la polizia?»

«Sì, la denuncio per avermi abbandonato, ma anche per il rapimento di Freddie»

«Mi vesto e vengo subito lì da te»

La madre s'alzò di scatto dal letto, indossò la gonna, la maglia, una giacca e dopo aver infilato un paio di scarpe, si fiondò a casa del figlio; quest'ultimo telefonò alla polizia e dieci minuti dopo, due agenti suonarono alla porta dell'abitazione. Una volta entrati all'interno, uno dei due agenti, aprì il blocco per scrivere i dati relativi alla denuncia; al termine della stesura, Aldo domandò: «Per riavere qui la mia compagna e il bambino cosa devo fare?»

«Beh, non essendo sposati, lei non può obbligare la signora Lodi Viviana a restare qui. Ha fatto bene ad interpellarci. La sua denuncia andrà avanti e si potrà rivolgere ad un avvocato che farà causa alla signora Lodi; entrambi sarete obbligati a presentarvi davanti ad un giudice che stabilirà i vostri obblighi nei confronti del minore. Ora mi firmi il modulo di denuncia»

Aldo appose la sua firma in calce al foglio. L'agente staccò una copia del verbale che posò sul tavolo. A quel punto, i due poliziotti si congedarono e uscirono da quella casa. Aldo non contento, telefonò al comando di polizia di Grosseto dicendo: «Andate a controllare, la mia ex s'è portata via mio figlio!»

Subito dopo la segnalazione, la famiglia Lodi ricevette la

visita di due agenti di polizia.

«La signora Lodi Viviana e il figlio Alfredo?»

«Sono qui, entrate pure!»

Pietro condusse i poliziotti in cucina dove c'erano moglie e figlia sedute accanto al tavolo.

«Mia moglie Jessica e mia figlia Viviana; mentre mio nipote Alfredo sta dormendo nella sua cameretta»

Viviana con gli occhi gonfi dal troppo piangere, guardò prima il padre e poi gli agenti e con espressione stupita sul viso, domandò: «Papà, come mai c'è la polizia a casa nostra?»

«Aldo ha sporto denuncia»

La donna con una risata sardonica rispose: «Da non credere! Avrei dovuto denunciarlo io per le botte ricevute e invece mi denuncia lui. Incredibile!» La madre appoggiò la mano sulla spalla della figlia e rivolgendosi agli agenti esclamò: «Di cosa si tratta?»

«Il signor Giori Aldo asserisce che la signora Lodi Viviana ha portato via con l'inganno, il piccolo Alfredo; pertanto, chiede che entrambi ritornino da lui»

Viviana scattò in piedi e battendo una mano sul piano del tavolo, con un tono di voce piuttosto alto, rispose: «No, da lui non torno di sicuro! Ditegli pure che si metta il cuore in pace!»

«Visto che il signor Giori ci ha chiesto d'intervenire, devo prendere i suoi dati e compilare il modulo che lei dovrà poi firmare. Comunque, mi può spiegare cos'è successo tra voi due?»

«Sì, certo! Aldo mi ha preso in giro e basta»

Viviana scoppiò a piangere, la madre l'abbracciò e l'agente esordì dicendo: «Signora Lodi, la prego, non faccia così!»

Non appena Viviana si fu un po' calmata, iniziò a raccontare tutto quanto, anche i motivi che l'avevano spinta a lasciarlo.

«Signora Lodi comprendo bene la situazione; quando c'è un minore di mezzo, occorre passare tramite il tribunale dove il giudice assegnerà l'affido del bambino»

«Ma io sono la madre; pertanto, mio figlio deve vivere con me»

«Ne sono più che sicuro; ma la conferma la può dare solo il giudice»

Viviana crollò a sedere, mentre con la testa tra le mani, angosciata domandò: «Cosa farò, se verrà affidato ad Aldo?»

La madre le accarezzò i capelli e nel tentativo di confortarla, le disse: «Viviana non fare così, vedrai che il giudice lo affiderà a te. Un bambino così piccolo deve stare con la madre»

La figlia le rivolse uno sguardo disperato.

«Mamma, dici davvero?»

«Sì»

«E se non fosse così come pensi tu?» domandò Viviana

«In caso contrario, combatteremo»

La figlia sorrise debolmente. L'agente terminò di compilare il foglio che fece firmare a Viviana; dopodiché gliene consegnò una copia dicendo: «Per il momento è tutto, noi torniamo al comando»

«Grazie»

«Dovere!»

I due agenti salutarono la famiglia ed uscirono dalla casa. Viviana fu colta da una crisi di pianto e i suoi genitori la consolarono. Di lì a poco, squillò il cellulare della donna e vedendo chi era a chiamarla, lei lo porse al padre dicendo: «Non ho voglia di sentirlo»

Pietro afferrò il telefonino e si rivolse ad Aldo dicendo: «Non ho gradito che tu abbia sporto denuncia nei confronti di mia figlia»

«La colpa è di Viviana. Io sono il padre di Freddie e quindi me lo deve riportare subito qui»

«Aldo dimenticati di lei»

«Signor Lodi mi passa Viviana?»

«Non vuole parlarti»

«Beh, in questo caso, verrò lì di persona»

«No, guarda, fai a meno...pronto?»

Pietro porse il cellulare alla figlia dicendo: «Sta venendo qui»

«Ho paura! Papà, che facciamo?»

«Eh, niente, che vuoi fare? Se arriva, scendiamo in strada. La mia presenza raffredderà un po' i suoi bollori»

Viviana annuì. Un'ora dopo, mentre si stavano preparando per andare a dormire, il suono del citofono, li fece trasalire.

Pietro andò a rispondere: «Chi è?»

«Sono Aldo; mi faccia salire, presto!»

«Stavamo andando a letto»

«Se non riesco a parlare con Viviana, farò casino in strada. Sveglierò gli inquilini del palazzo e farò sapere a tutti che pezzi di merda siete»

Pietro impallidì e si rivolse alla figlia dicendo: «Viviana lui è sotto casa e vuole parlarti; al citofono ha minacciato di fare casino. Svelta, mettiti la giacchetta e scendiamo giù, così cercheremo di tenerlo buono.»

Non appena giunti in strada, Aldo s'avvicinò in modo minaccioso a Viviana e le mostrò la mano chiusa a pugno, dicendo: «Se non torni subito con me, giuro che ti faccio del male»

«Guai a te! Mia figlia non la devi toccare neppure con un dito, intesi?»

Aldo si voltò verso Pietro e gli sferrò un pugno. L'uomo per effetto del colpo, perse l'equilibrio finendo sul cofano di un'auto parcheggiata lì vicino. Viviana abbracciò il padre, quindi si rivolse al compagno urlando: «Aldo ma come ti permetti di colpire mio padre? Se lo tocchi ancora, chiamo la polizia!»

L'uomo alzò le mani verso il cielo, poi puntò l'indice verso Viviana e rispose: «Lo capisci che è solo colpa tua? Noi eravamo una famiglia, ma tu mi hai portato via mio figlio. Ora, vai su a prendere Freddie e torniamo a Follonica»

«Non ci penso proprio...tra noi è finita!»

Aldo indietreggiò e s'appoggiò al muro della casa dicendo: «Come? Che vuol dire finita?»

«Significa che dovrai trovarti un'altra donna»

Aldo cominciò a muovere l'indice avanti e indietro, dicendo: «No, no, no! Tu ora vai su, prendi Freddie e ritorniamo insieme a casa; domani andrò a cercarmi un lavoro e vivremo felici»

«Aldo me l'hai già promesso un sacco di volte; inoltre c'è dell'altro...»

«Tipo?»

«Io non ti amo più»

«Ma non può essere vero! Ti ricordi quando ci siamo

incontrati nel bar? Rammenti la prima volta che abbiamo fatto l'amore? Inoltre, c'è il nostro bambino, non pensi a lui?»

Pietro che era rimasto ad ascoltare il battibecco, si sentì in dovere d'intervenire.

«Mia figlia s'è allontanata da te, proprio per il bene di Alfredo. Tu non lavori, sonnecchi e di sicuro non badi al bambino che potrebbe trovarsi in pericolo mentre tu dormi. Inoltre, sei manesco»

Aldo gli batté un dito contro il petto, dicendo: «Non si deve intromettere nella nostra vita, sono stato chiaro?»

In quel momento, passò di lì un'auto di pattuglia della polizia. Alla vista di quei tre sul marciapiede che pareva stessero bisticciando, gli agenti fermarono l'auto e scesero per un semplice controllo. Non appena gli agenti si avvicinarono, Aldo mutò atteggiamento. Pietro e Viviana non se la sentirono di denunciare l'uomo e pertanto i poliziotti risalirono in auto e s'allontanarono. Aldo si voltò verso Viviana e con sguardo sprezzante, esclamò: «Vado via, ma non finisce così; ci rivedremo in tribunale!»

L'uomo aprì lo sportello della propria auto e prima di salire a bordo, urlò: «Ti porterò via Freddie! Giuro che te lo porterò via, stronza!»

Lei scoppiò a piangere. Aldo salì a bordo, richiuse con un colpo secco lo sportello dell'auto, mise in moto e partì a razzo. Pietro abbracciò la figlia ed insieme rientrarono in casa. Jessica notò subito il livido sul volto del marito mentre Viviana raccontò alla madre cos'era successo, poco prima, in strada.

«Credo che dovremo prendere un avvocato»

Pietro annuì, quindi replicò: «Sicuramente!»

Da quella notte, per Aldo iniziò un periodo difficile fatto di degrado e solitudine; infatti, malgrado l'aiuto della madre, l'uomo perse la poca fiducia che ancora aveva in sé stesso e pure la voglia di cercare un lavoro stabile. Aldo lasciò il miniappartamento per tornare a vivere con la madre che non perdeva occasione per ricordare al figlio l'errore di mettersi con quella donna.

«Te l'avevo detto che "quella" ti avrebbe portato solo rogne, ma tu non mi hai voluto dare ascolto. Ora ti trovi nel fango e vedrai che cercherà di impedirti di vedere Freddie. Povero bimbo, messo al mondo da due genitori sgangherati come voi due! Che bisogno c'era di avere subito un figlio?»

«Stai zitta, ma'! Non mi serve una cornacchia per ricordarmi ciò che ho fatto oppure no, capito?»

La donna, punta sul vivo, scoppiò a piangere e si rintanò in camera, fino a quando Aldo non spuntò sulla porta della stanza e le chiese scusa. Viviana e l'ex compagno, furono convocati dal giudice di pace a loro assegnato.

Quest'ultimo doveva valutare la situazione e stabilire a quale dei due genitori, poter concedere l'affido prioritario del piccolo Alfredo. Pietro e la figlia si recarono in tribunale e al loro arrivo, videro Aldo in abbigliamento trasandato e con il volto segnato da quell'avvenimento spiacevole. Giunsero anche i due avvocati che si avvicinarono ai relativi assistiti e uno dei due li redarguì dicendo: «Allorché saremo davanti al giudice di pace, dovrete parlare solo quando vi verranno rivolte domande dirette. Niente parolacce o frasi pronunciate a sproposito. Siete qui per stabilire come accade tra persone civili, l'affidamento del bambino e non di sicuro per farvi la guerra. Siamo intesi?»

«Sì», disse Viviana

«Signor Giori è tutto chiaro quello che ho appena detto?»

«Sì, maledizione! Facciamo alla svelta, perché voglio riportare Freddie a casa mia e quella lì dovrà supplicarmi di farglielo vedere»

L'avvocato alzò gli occhi al soffitto, si ravviò il ciuffo di capelli, quindi, precisò: «Signor Giori guardi che non funziona così! Gliel'ho spiegato poc'anzi che il giudice non ammette che vengano dette frasi come quella da lei pronunciata. Quindi, ha capito bene ciò che ho detto?»

«Sì, porca miseria!»

«Cerchi di moderare i termini, d'accordo?»

Aldo annuì, poi abbassò lo sguardo e iniziò a fissare le proprie scarpe da ginnastica. Ad un tratto, un uomo con gli occhiali uscì da una porta e s'avvicinò loro chiedendo: «Sentenza Lodi/Giori?»

«Siamo noi!» rispose l'avvocato di Aldo

«Il giudice di pace vi sta aspettando» disse il tipo con gli occhiali

Varcarono tutti quanti la porta da cui poco prima era uscito quell'uomo e si ritrovarono all'interno di una stanza non troppo grande, con due sedie, una piccola scrivania con sopra un computer e una stampante. C'era anche una cattedra in legno, dietro la quale sedeva un uomo sulla cinquantina, calvo e con il naso aquilino. Al loro ingresso, l'uomo alzò il capo e con sguardo inespressivo disse: «Gli avvocati si avvicinino!»

Entrò una giovane segretaria che dopo aver salutato i presenti, si sistemò alla scrivania e iniziò a digitare le lettere sulla tastiera del computer. Viviana pallida in volto, ebbe come la sensazione che il suo cuore avesse accelerato i battiti. Il padre le appoggiò una mano sulla spalla e le mormorò: «Stai tranquilla, ce la faremo!»

Lei sorrise. I due avvocati iniziarono ad esporre al giudice le ragioni di entrambi i genitori. Il Giudice chiamò prima uno e poi l'altro ricorrente. Viviana spiegò il motivo della sua fuga da Follonica mentre Aldo chiese di poter riavere Freddie. Il giudice si rivolse ad Aldo dicendo: «Signor Giori lei ha appena asserito di volere suo figlio in affidamento; mi può fornire l'indirizzo del suo datore di lavoro?»

Aldo sbiancò in volto e con grande imbarazzo, rispose: «Ehm, ecco io veramente sono disoccupato; oh, ma è solo questione di tempo perché quanto prima, troverò lavoro»

«Signor Giori dicono tutti così; purtroppo, un bambino non è un giocattolo. Un minore ha bisogno di essere mantenuto e curato. Se non sbaglio, lei vive nell'appartamento di sua madre e si è rivolto ad un avvocato di gratuito patrocinio, vero?»

«Sì»

«Lei capisce, signor Giori che le sue condizioni precarie, non mi consentono di giudicarla abile all'affido totale»

Aldo diede sfogo alla propria rabbia battendo un pugno contro il legno della cattedra.

«Signor Giori si contenga o dovrò chiederle di lasciare l'aula, sono stato chiaro?»

Aldo annuì mentre il Giudice chiamò la donna.

«Signora Lodi Viviana dopo un periodo di convivenza con il qui presente Giori Aldo lei ha deciso di ritornare a casa dai suoi genitori a Grosseto. Dico bene?»

«Sì. A Follonica ho fatto la barista e ho lavorato in un ipermercato, pertanto l'esperienza non mi manca. Quando vivevo con Aldo ho avuto modo di constatare che mentre ero al lavoro, lui non badava a nostro figlio; pertanto, sono ritornata dalla mia famiglia. Mio padre ha un lavoro stabile e ora che sono a Grosseto, cercherò un lavoro anch'io»

Aldo puntò il dito verso Viviana e pieno di risentimento disse: «No, il vero motivo è che sei andata via per lasciarmi nella merda. Stronza!»

Il Giudice richiamò l'uomo all'ordine dicendo: «Signor Giori queste espressioni scurrili le tenga per sé, altrimenti sarò costretto a chiederle di uscire dall'aula»

Pietro guardò di sottecchi la figlia, mentre il Giudice sfogliò a lungo gli scritti contenuti nella cartellina. Quel silenzio rotto solo dal rumore della carta che veniva sfogliata dall'uomo, riusciva a mettere a disagio tutti i presenti nella stanza. Uno dei due avvocati tossì, mentre l'altro soffocò uno sbadiglio. Il giudice iniziò a scrivere su alcuni fogli bianchi ciò che in seguito avrebbe poi letto e dopo dieci minuti, prese la parola dicendo: «Ho dato uno sguardo alle due relazioni degli avvocati, ho riflettuto sulle condizioni economiche delle parti e sull'età del minore. Il piccolo Alfredo ha bisogno del calore di una famiglia, ma siccome non è possibile ristabilire l'unione tra Giori Aldo e Lodi Viviana, ritengo che il bambino debba essere affidato alle cure della propria madre. Pertanto Giori Alfredo vivrà all'interno della famiglia Lodi, fermo restando il fatto che il padre vedrà il figlio, due week-end al mese.

Saranno i due genitori che concorderanno tra loro, le date e il modo in cui queste visite verranno effettuate. Giori Aldo dovrà corrispondere a Lodi Viviana l'importo di centocinquantamila lire mensili per il mantenimento del figlio. Ho stabilito una cifra simbolica in quanto il signor Giori risulta disoccupato; non appena troverà lavoro e con la crescita di Alfredo, questo contributo sarà innalzato in base al reddito. Ci sono domande?»

«Sì! Vorrei sapere, perché devo pagare se sono disoccupato?» chiese Aldo

«Lei vive con sua madre che ha delle proprietà e una pensione di tutto rispetto; il figlio è anche suo, quindi deve contribuire al mantenimento del minore. Ora passo a rendere ufficiale la sentenza»

I due avvocati parlottarono brevemente tra loro e uno dei due esclamò: «Signor Giudice, proceda pure!»

«Allora, in virtù dei poteri conferitimi dallo Stato, dichiaro chiusa la sentenza di affido del minore Giori Alfredo che vivrà fino al raggiungimento della maggiore età a casa della madre Lodi Viviana. Il padre del bambino, Giori Aldo dovrà corrispondere al figlio centocinquantamila lire mensili incrementabili nel tempo e su richiesta della parte avversa. Giori Aldo è autorizzato a vedere il figlio e a trascorrere con lui due week-end al mese nei modi e nelle date da concordare con la famiglia Lodi che si assume l'onere di mantenere, crescere e rendere edotto tramite gli studi, il piccolo Alfredo. La sentenza ha effetto immediato. Letto, confermato e sottoscritto da entrambe le parti, avvocati e Giudice di pace»

Al termine della lettura, il Giudice si rivolse alla segretaria dicendo: «Stampi tutto in quattro copie e le faccia firmare per presa visione, ai presenti»

La giovane donna annuì ed eseguì l'ordine impartito dal superiore. Ogni quindici giorni, Giori si recava a Grosseto per vedere il figlio e passare qualche ora insieme a lui. Dopo qualche mese, Aldo tirò fuori la scusa che non lavorando, non aveva la possibilità di poter fare benzina e quindi pretese che fosse il padre di Viviana a portargli il bambino.

«Aldo non puoi chiedere una cosa del genere, devi venire tu» disse Viviana

«Allora riferirò all'avvocato che mi state impedendo di vedere Freddie»

«Vabbè se la metti così, chiamerò il mio avvocato per capire se siamo obbligati oppure no».

Pietro consultò l'avvocato che aveva seguito tutto l'iter anche in tribunale e quando quest'ultimo gli comunicò che non c'era alternativa, la famiglia Lodi si adeguò a quella richiesta. Questa solfa andò avanti per un bel po' di tempo. Subito dopo il quarto compleanno di Alfredo, il padre iniziò a pretendere di tenerlo più giorni. Anche in questo caso ci fu battaglia tra i due genitori, ma alla fine Aldo la spuntò. I due genitori impartivano al bambino un'educazione assai differente. Viviana era dura con il figlio, mentre invece Aldo gli lasciava fare qualsiasi cosa, non lo sgridava quasi mai e non gli imponeva regole. Alfredo crebbe spaesato perché da una parte, c'era la madre con la sua intransigenza e dall'altra il padre passivo in tutto.

CAPITOLO IV

ALFREDO INIZIA LA SCUOLA MATERNA

Le prime difficoltà per Alfredo sorsero alla scuola materna. Quando all'uscita, vedeva i suoi coetanei correre incontro ai genitori, il bambino scoppiava a piangere disperato e le parole di Viviana o del nonno non riuscivano a consolarlo.

«Viviana tuo figlio sente la mancanza del padre»

«Sì, ma quando gli dirò il motivo per cui me ne sono andata, vedrai che non avrà più queste crisi e gli passerà tutto»

«Un bambino così piccolo, non riesce a capire il perché delle distanze. Lui vede solo che i suoi compagni hanno dei genitori uniti, mentre voi due siete separati» rispose Pietro

«Si, ti ricordi la mia sofferenza quando tu e la mamma eravate in crisi?»

Il padre sospirò, poi proseguì dicendo: «Ora pensiamo a tuo figlio per correggere il cattivo esempio dato da Aldo»

«Sento che sarà un'impresa ardua»

Pietro annuì. Alfredo era un bambino molto intelligente e bramoso di conoscere più cose possibili. A volte, il bambino pareva ascoltare solo ciò che gli faceva comodo udire, oppure sembrava assente. Anche a scuola non si comportava come gli altri bambini. Tendeva sempre a fare il contrario di ciò che la maestra gli diceva. Se l'insegnante lo pregava di mettersi a sedere, lui restava in piedi; se lo riprendeva perché parlava troppo e disturbava le lezioni, lui le faceva le linguacce. Quando Alfredo entrava in crisi, oltre a piangere, a volte aveva delle reazioni improvvise e violente nei confronti degli altri bambini, di chi gli era vicino, ma anche contro sé stesso. Le maestre iniziarono a considerarlo un "elemento difficile" da gestire. La madre fu convocata spesso dalla maestra che le diceva cose spiacevoli sul conto del figlio. Viviana ritornava a casa piangendo.

«Credo che dovremmo portarlo da uno psicologo» esordì la madre di Viviana

«Mamma, hai idea quanto ci verrà a costare? Aldo non versa neppure la rata del mantenimento ed io ho un lavoro precario; come pagheremo le parcelle di un dottore?» chiese Viviana

«Non abbiamo altra scelta. Per quanto riguarda le parcelle, ti aiuteremo noi a pagarle. Alfredo è un bambino difficile da gestire e non puoi certo negarlo; quindi, si tratterà di trovare uno psicologo che abbia una certa dimestichezza con i bambini. Lui ci darà una mano a capire cosa poter fare per tentare di correggergli il carattere. Proverò ad informarmi in giro» concluse la madre

Viviana annuì.

«A rigor di logica, una parte la dovrebbe pagare Aldo; in fondo, è anche figlio suo, no?»

«Tzè, capirai! Mamma, non paga neppure gli alimenti!»

«Viviana come hai fatto a metterti con un tipo del genere?»

«Mamma, lasciamo perdere questo discorso! Alcuni errori li hai fatti anche tu a suo tempo perché, se andiamo a vedere hai frequentato quello smandrappato di Carmelo; quindi basta ricordare il passato. Concentriamoci invece sul presente e sul futuro di Alfredo. Per quanto riguarda i soldi che tu e papà anticiperete, ve li restituirò»

La mamma appoggiò una mano su quella della figlia e sorridendo replicò: «Finché potremo pagare, lo faremo volentieri»

Viviana si sporse verso la madre e le stampò un bacio sulla guancia. Aldo per stare più vicino al figlio, si spostò a Grosseto dove affittò un monolocale e prese la residenza. Svolse qualche lavoretto e fece la richiesta al comune per ottenere un alloggio in una casa popolare poco distante dalla casa di Viviana. L'uomo riprese a suonare nella band dei suoi amici che tra l'altro, si riunivano spesso nell'abitazione di Aldo e sovente, arrivavano a casa sua mentre c'era Alfredo; pertanto, lui udì i loro discorsi e le parolacce. Tra l'altro, il bambino faceva le ore piccole, mentre invece Viviana lo metteva sempre a letto alle ventuno. Alfredo sempre più confuso sui vari metodi educativi, mostrò segni di disorientamento. Una notte, il bambino durante il sonno, si mise a strillare in preda ad un incubo. Viviana accorse prontamente e per confortarlo e calmarlo, lo fece sdraiare nel proprio letto e lui s'addormentò. Alfredo prese l'abitudine di dormire con la madre. Un'altra notte, Viviana fu svegliata dal tocco di una mano e da baci all'altezza del seno. Appena scoprì che era il figlio, sgranò gli occhi e s'irrigidì; lo svegliò, lo sgridò e lo riportò nella sua cameretta, dicendo:

«Devi dormire nel tuo lettino»

Alfredo rimase a testa bassa e non appena si coricò sotto le coperte, per la vergogna, pianse. Per qualche giorno, evitò di guardare in volto la madre. Viviana decise di farlo vedere da uno specialista. Un pomeriggio, lei e la madre portarono il bambino dallo psicologo. Il medico lo guardò incuriosito mentre Alfredo piombò nel mutismo. Il dottore gli rivolse parecchie domande che restarono tutte senza risposta.

«Come sei carino! Qual è il tuo nome?»

Un attimo di silenzio e il medico provò a domandare: «Quanti anni hai?»

Il bambino guardò con aria di sfida quell'adulto strafottente, vestito in modo elegante, poi alzò gli occhi al soffitto.

«Dimmi, ti piace andare a scuola?»

Alfredo abbassò lo sguardo sulle proprie scarpe e iniziò a muovere leggermente uno dei piedi. Lo psicologo che non aveva mai visto un atteggiamento simile di totale chiusura nei suoi confronti, provò un senso di grande disagio.

«Alfredo ti sto facendo delle semplici domande, possibile che tu non abbia voglia di parlare?»

Il bambino sbuffò, incrociò le braccia sul petto e non degnò quell'uomo di uno sguardo. Lo psicologo decise di gettare la spugna; si diresse verso la porta della sala d'aspetto, la spalancò facendo trasalire le due donne sedute sulle poltrone in velluto color menta. Il medico scosse la testa, poi guardò Viviana e le comunicò: «Signora Lodi suo figlio non collabora, perciò non posso prenderlo come paziente»

Viviana s'alzò in piedi e con aria contrita, gli domandò: «Che significa?»

«Non risponde alle domande ed è strafottente; quindi non ha alcun senso continuare»

«Dottore, ci ripensi»

«Non c'è nulla di peggio del curare qualcuno che non vuole essere guarito»

La donna crollò a sedere di colpo sulla poltroncina imbottita e con gli occhi velati dalle lacrime, chiese: «Dottore, come posso fare?»

L'uomo allargò le braccia, quindi rispose: «Trovi uno

psicologo che gli sia simpatico. Alfredo è un soggetto complesso»

«Che intende dire?»

«Suo figlio è bipolare»

Viviana con un'espressione stranita in volto, domandò: «Scusi, che significa?»

«Il bipolarismo è un problema serio e a volte invalidante. Chi ne soffre alterna fasi depressive a quelle maniacali. Il soggetto non ne è cosciente e passa da una fase all'altra rapidamente, mentre a volte intervalla le fasi, con un periodo di umore buono. Talvolta il passaggio è lento, spesse volte è brusco»

«Allora è una cosa grave!»

«Sì. La fase depressiva è caratterizzata da umore bassissimo, dove sembra che nulla possa risollevarlo, una tristezza interiore che può durare giorni interi. La fase maniacale, instilla nel soggetto una sensazione di onnipotenza ed eccessivo ottimismo. In moltissimi casi la fase ipomaniacale è caratterizzata anziché da eccesso d'euforia, da uno di rabbia per ingiustizie subite; quindi, il soggetto può risultare irritabile e intollerante con una dose di aggressività non indifferente senza che riesca a valutare i danni o le conseguenze di certi comportamenti aggressivi»

«Oh. Mio Dio! Allora il mio bambino è veramente messo male!»

«Sì e va curato bene. Ora la devo lasciare, perché sta arrivando un altro paziente. Signora Lodi le faccio i miei auguri per la guarigione di suo figlio»

L'uomo congedò le due donne con una stretta di mano. Appena usciti dallo studio medico, Alfredo s'aggrappò alle gambe della madre, nascose il volto tra le sue gonne e scoppiò a piangere disperato. Viviana si abbassò per abbracciare il figlio, dicendo: «Alfredo su, non piangere! Vicino a te ci siamo io e nonna Jessica»

Il bambino smise di piangere e sorrise. Durante il percorso di rientro a casa, Viviana si rivolse alla madre chiedendo: «Ora che si fa?»

La donna scosse la testa sconsolata e rispose: «Francamente

non so che dire; avevo riposto così tanta fiducia in quel dottore! Dopo quello che ci ha riferito, non dobbiamo perdere tempo ma ne cercheremo subito un altro»

Viviana annuì. Portarono Alfredo da altri dottori e solo uno di loro riuscì ad ottenere attenzione e risposte da parte sua. Questo medico sottopose Alfredo ad alcuni test, dialogò con lui e subito dopo iniziò la terapia. Una volta alla settimana, Viviana lo portava in quello studio, il dottore lo faceva sedere ad una piccola scrivania su cui c'erano dei fogli bianchi e dei pennarelli esortandolo a disegnare. Al termine della seduta, il bambino usciva dalla stanza per rimanere insieme alla nonna, mentre il dottore spiegava a Viviana i progressi ottenuti o su cosa bisognava ancora lavorare. Questo vai e vieni da casa Lodi allo studio medico, durò per altri quattro anni.

V CAPITOLO

FREDDIE FREQUENTA IL LICEO

Quando Alfredo iniziò a frequentare la prima classe del liceo linguistico di Grosseto, con il proprio comportamento poco consono alla disciplina dell'istituto, creò una serie di problemi non solo agli insegnanti, ma anche ai suoi compagni di scuola. Spesso durante la ricreazione, mentre erano tutti radunati in cortile, Alfredo tirava fuori dalla tasca dei jeans il coltellino a serramanico che gli aveva regalato il padre e per intimorire i compagni, faceva alcune mosse verso di loro. Agitava il coltellino nell'aria e sembrava volesse ferirli; allorché sui volti degli altri ragazzi, scorgeva un'espressione di paura, Alfredo scoppiava in una sonora risata dicendo: «Fifoni! Anche stavolta vi ho fregato! Ahahah!»

Gli insegnanti lo richiamarono spesso all'ordine e gli inflissero delle note sul diario, ma erano cose del tutto inutili. Un mattino verso mezzogiorno, Alfredo fu convocato nell'ufficio del preside di quel liceo. Il ragazzo con lo sguardo sprezzante e le mani nelle tasche dei jeans, continuando a masticare il chewing-gum, entrò nella stanza situata al primo piano della scuola; il preside gli ordinò di accomodarsi sulla sedia posta davanti alla sua scrivania. Il ragazzo controvoglia, eseguì il comando; subito dopo, accavallò le gambe e facendo scoppiare tra le labbra la bolla creata con la gomma da masticare, domandò: «Perché sono qua?»

Il preside si levò gli occhiali che ritirò nell'astuccio posto sul ripiano della scrivania, fissò a lungo il volto di Alfredo quindi unì le mani e incrociando le dita, in tono apparentemente calmo, rispose: «Togli quella gomma dalla bocca e posala nel cestino posto accanto a te»

«Perché? Che fastidio le dà?»

L'uomo aggrottò le sopracciglia e puntando l'indice verso Alfredo, con un tono di voce più alto del solito, gli ordinò: «Giori Alfredo sputa via quella gomma, immediatamente! Giovanotto, cerca di avere un comportamento più adeguato, capito? In questa scuola si viene per studiare e non di sicuro per masticare chewing-gum o per scaldare il banco. Sono stato chiaro?»

Il ragazzo non contestò il tono imperioso di quell'uomo così odioso, ma si levò la gomma dalla bocca per stampigliarla dentro ad un fazzolettino di carta che gettò nel cestino lì vicino. Il preside assunse un tono più pacato e rivolgendosi ad Alfredo gli domandò: «Si può sapere cosa non ti piace di questa scuola? Il tuo rendimento è assai scarso, ma a parte ciò, ci sono parecchie lamentele nei tuoi confronti da parte dei professori ma anche dei tuoi compagni di classe. Inoltre, l'episodio increscioso di stamane, ha lasciato tutti senza parole»

«Preside, non saprei proprio cosa risponderle. Le lezioni sono alquanto noiose e quindi per vivacizzarle un po', ho pensato di fare qualche scherzetto ai miei compagni. Penso che non ci sia nulla di male, no?»

Il preside per tutta risposta, batté una manata vigorosa sul ripiano della scrivania, quindi s'alzò in piedi e con voce alterata puntò l'indice verso il ragazzo dicendo: «Senti un po' giovanotto, in vita mia, di sbruffoncelli come te ne ho visti parecchi; ma fortunatamente sono riuscito a cambiare il loro modo di fare e di parlare. Ti anticipo che ho intenzione di convocare tua madre, perché le voglio parlare di persona»

Alfredo reagì ridendo in modo sguaiato e domandò: «Oh, bella! Farla venire qua per dirle cosa?»

«Giori cerca di essere più rispettoso nei miei confronti, capito? Se continuerai con questi tuoi assurdi atteggiamenti da teppistello, sarò costretto ad allontanarti da questa struttura. Oggi esci prima in quanto la tua lezione è sospesa. Vai pure a casa a riflettere su ciò che ti ho detto e sullo scherzo cretino, ma anche malvagio che hai fatto al tuo compagno di classe. Vai!»

Il ragazzo fece spallucce, s'alzò dalla sedia, s'aggiustò la maglietta e senza salutare il preside, uscì dalla stanza lasciando la porta spalancata. Appena fu nel corridoio, Alfredo mormorò: «Che stronzo! Odio quell'uomo!»

Il preside chiuse la porta sbattendola con forza e commentò: «Quel ragazzo riuscirebbe a far perdere la pazienza a un Santo!»

Subito dopo, l'uomo afferrò l'agenda telefonica e compose sulla tastiera del proprio cellulare, il numero di telefono della madre di Alfredo.

«Pronto? Parlo con la mamma di Giori Alfredo?»

«Sì, chi è all'apparecchio?» domandò la donna

«Sono il preside del liceo frequentato da suo figlio»

«Ah, buongiorno! Ci sono dei problemi?»

«Sì, direi proprio di sì! Avrei bisogno di conferire con lei al più presto»

«A che proposito?»

«Si tratta di Alfredo; il suo rendimento è inferiore alla sufficienza ed inoltre ha un comportamento da sbruffoncello. Potrebbe passare da me, domattina alle ore nove?»

«Senz'altro!»

«Bene, a domani!»

«A domani, signor preside!»

Non appena Alfredo rientrò a casa, trovò la madre ad attenderlo con le braccia incrociate sul petto e un cipiglio assai strano sul volto.

«Ciao, mamma!»

«Mmm, Alfredo com'è andata oggi a scuola?»

Il ragazzo fece spallucce, afferrò una mela che addentò voracemente e con la bocca piena, rispose: «Come vuoi che sia andata? Come al solito, direi!»

«Strano, molto strano! Il preside della tua scuola, mi ha telefonato»

«Oh, quello...ce l'ha con me. Odia tutti i ragazzi spigliati. Siccome lui è un tipo Jurassico e quindi molto antiquato, prende in antipatia gli alunni che sono moderni. Mamma, non hai proprio nulla da preoccuparti, quello fa il sermone a tutti»

Alfredo in modo ruffiano si avvicinò alla madre, le schioccò un bacio rumoroso sulla guancia e le domandò: «Mamma, cos'hai preparato per pranzo? Ho una fame da lupo!»

«Lasagne al forno»

«Wow! Ti voglio bene, mamma!»

Il mattino successivo, Viviana si recò a scuola; si avvicinò alla bidella e le chiese: «Buongiorno, può dirmi dov'è l'ufficio del preside?»

«Certo! Le ha dato per caso un appuntamento?»

«Sì, sono stata convocata ieri; sono la madre di Giori

Alfredo»

La bidella dopo averla squadrata da capo a piedi, le rispose: «L'ufficio è al primo piano; mi segua!»

La donna l'accompagnò davanti alla porta della presidenza. Viviana bussò, attese il permesso per entrare, quindi aprì l'uscio e varcò la soglia. L'ufficio non era molto grande ma arredato con mobili classici. Su una parete erano affissi dei diplomi incorniciati, mentre dall'altra parte c'era una libreria con volumi rilegati con sovraccoperta marroncina e scritte in oro. Al centro c'era la scrivania in legno color mogano e sopra delle cartelle in cartoncino colorato, una lampada con vetro opalino e due penne stilografiche.

«Signor preside, buongiorno! Sono la madre di Giori Alfredo»

Il preside, un uomo alto, slanciato, con i capelli brizzolati e abiti firmati, le sorrise, le strinse la mano e la invitò ad accomodarsi sulla sedia posta di fronte alla sua scrivania.

«Signora, l'ho convocata per i fatti gravi avvenuti con frequenza nella classe di suo figlio»

Viviana si sporse verso il preside e con tono ansioso, gli domandò: «Per caso, c'entra Alfredo?»

L'uomo annuì, quindi replicò: «Purtroppo, sì! Uno dei compagni di suo figlio è rimasto vittima di uno scherzo assai pesante. Spero che ciò che è accaduto, non debba avere ripercussioni sulla salute di quell'alunno»

Viviana sempre più agitata, lo invitò a raccontare il fatto dicendo: «Addirittura? Mi può spiegare cos'è successo?»

L'uomo annuì, cercò con cura le parole giuste e raccontò: «Ieri mattina, durante l'ora di inglese sono entrato nella classe di suo figlio, per parlare con l'insegnante. Al mio ingresso nell'aula, i ragazzi si sono alzati in piedi come al solito. In quel momento, senza farsi notare, Alfredo ha spostato di proposito, la sedia del suo compagno di banco e quando sono uscito, i ragazzi si sono riseduti. Inutile dire, che il compagno non trovando la sedia è finito a terra facendosi male.

Il ragazzo è robusto e nell'urto sul pavimento, ha battuto l'osso sacro e un braccio; quindi è scoppiato a piangere. Alfredo anziché scusarsi con lui, è scoppiato in un riso sguaiato. L'ho subito convocato nel mio ufficio e l'ho sospeso. Siamo stati fortunati perché l'alunno cadendo, non ha battuto la testa; altrimenti avrei dovuto chiamare l'ambulanza e per voi sarebbero stati guai seri. Signora, converrà con me, che scherzi di questo tipo, possono produrre gravi effetti sulla salute oltre a screditare il nostro istituto»

Viviana a quelle parole sgranò gli occhi, portò una mano alla bocca per soffocare un grido, poi commentò: «Mio Dio! Come ha potuto Alfredo fare una cattiveria di questo tipo?»

L'uomo allargò le braccia in segno d'impotenza e rispose: «Purtroppo non è l'unico episodio; una settimana fa, dall'interno di una penna a sfera svuotata del refill, sparava dei pallini di carta sulla testa calva di uno dei bidelli della scuola»

«Credo abbia inciso sul suo carattere, il fatto che il padre di Alfredo è un uomo violento che lo istiga a fare il duro. Alfredo assorbe di continuo la filosofia del mio ex compagno che gli inculca che a questo mondo, per essere rispettati, occorre picchiare per primi»

«Ciò che lei mi sta dicendo è terribile e mi addolora parecchio; tuttavia, non posso scusare certi atteggiamenti o scherzi pesanti che potrebbero avere anche ripercussioni legali nei vostri confronti ma anche verso questo istituto. Suo figlio è un bullo e bisogna correggerlo in fretta; altrimenti potrebbe diventare un serio pericolo per tutti»

Viviana scoppiò a piangere disperata e il preside nel vederla in quello stato di angoscia, cercò di consolarla dicendo: «Deve essere più rigida con suo figlio e magari portarlo da uno psicologo; vedrà che cambierà»

Il preside le versò un po' d'acqua nel bicchiere. Non appena la donna si riebbe, si asciugò gli occhi dal pianto, soffiò il naso e sorseggiò l'acqua; quindi, salutò l'uomo ed uscì dalla scuola. Una volta a casa, Viviana telefonò ad Aldo e lo mise al corrente di ciò che il preside le aveva detto.

«Se Freddie l'ha fatto cadere, avrà avuto dei validi motivi»

«Aldo ma che cavolo stai dicendo? Alfredo ha fatto male ad un ragazzo e se in futuro avrà delle complicazioni, dovremo pagarle noi, lo sai?»

«Sia ben chiara una cosa, non pagherò un bel tubo! Freddie

va nella scuola che hai scelto tu e quindi è in consegna a te»

«Aldo guarda che non stai mica parlando di un pacco postale! Lui è tuo figlio e anche se frequenta la scuola che ho scelto io, è ciò che gli insegni tu che lo porta fuori strada. Nei fine settimana si ferma a dormire da te, chissà che musiche ascolta e che balle gli racconti»

«Balle? Scusa, ma cosa dici! A mio figlio spiego com'è la vita e gli insegno che vivere è come trovarsi su un ring, occorre picchiare duro per mettere l'avversario K.O»

«Aldo tu sei fuori di testa! Questi non sono metodi educativi per un ragazzo che dovrebbe smetterla di fare scherzi di pessimo gusto e anche pericolosi»

«Dai, avanti dillo, che fare un figlio è stato un grande errore. Viviana la verità è che non eri ancora pronta per fare la madre»

«Aldo l'unico errore è stato quello di metterlo al mondo con te»

«Freddie assomiglia molto più a me che a te. Invece tu, sai cosa sei? Una bastarda!»

Viviana chiuse la comunicazione; lo faceva ogni volta che Aldo alzava troppo i toni sparando grosse cattiverie o parolacce. L'ex compagno la richiamò più volte, ma lei non rispose. Due ore dopo, Alfredo rientrò e vide che sua madre aveva gli occhi rossi e gonfi dal pianto. Il ragazzo le si avvicinò per salutarla e lei a bruciapelo, gli domandò: «Alfredo si può sapere dove sei stato?»

«A scuola, perché?»

Viviana lasciò andare una sberla che colpì il ragazzo in pieno volto.

«Vergognati, mentire a tua madre in questo modo! Sono stata dal preside e mi ha detto di averti sospeso da scuola per sette giorni»

Il ragazzo messo davanti alla realtà dei fatti, confessò: «Sì, è così; ma non te l'ho detto per non rattristarti»

«Ah, davvero? Quindi, dove sei stato finora?»

«Ho gironzolato senza una meta precisa»

«Alfredo dimmi la verità, ti stai mettendo in qualche casino?»

«No, mamma...te lo giuro!»

«Ricordati che, se il preside mi convocherà di nuovo, ti farò continuare gli studi in collegio, magari i preti ti sapranno raddrizzare e ti faranno capire le regole comportamentali. Alfredo sono stata chiara?»

Il ragazzo abbracciò la madre, dicendo: «Sì, mamma! Scusami, non lo farò più!»

La donna ricambiò l'abbraccio e stampò un bacio sulla fronte di Alfredo. Quest'ultimo si staccò da lei e le domandò: «Piuttosto come mai piangevi?»

«Sai com'è tuo padre, no? Ogni volta che parlo con lui, m'insulta; inoltre sentirmi dire dal preside che sei un bullo, di sicuro non mi fa piacere. Ho fatto i salti mortali per non farti mancare nulla e per mandarti a scuola e tu, ora mi ripaghi così»

«Mamma, perdonami!»

La donna gli sorrise e replicò: «Non ne parliamo più; ora siediti a tavola così pranziamo»

Nei giorni successivi, malgrado la madre gli avesse imposto di stare a casa, Alfredo girovagò per la città, senza una meta precisa. Un mattino, conobbe per caso un tizio più vecchio di lui di qualche anno. Quel tipo, con una scusa qualsiasi, attaccò bottone con Alfredo dicendo: «Mamma, che caldo insopportabile!»

«Già!»

«Io sono Roberto. Oggi sono a casa dal lavoro e sono venuto qui a passeggiare; invece, tu che fai di bello?»

Il ragazzo gli porse la mano dicendo: «Il mio nome è Alfredo e sto ancora studiando; frequento la prima classe del liceo linguistico»

«Che bello andare a scuola; vorrei tanto poter ritornare a quel periodo fatto di tanti amici, belle ragazze e zero pensieri. Invece con l'inizio del lavoro, cambia tutto, te l'assicuro!»

«Ah, sì? Non sei contento del lavoro che fai?»

«L'unico lato piacevole è non avere orari perché posso gestire l'attività come voglio»

Alfredo come una spugna, assorbì come oro colato, ogni parola dello sconosciuto. Rimasero lì a parlare del più e del meno.

«Sono un esperto in informatica. Non dirlo a nessuno, ma

ho scoperto un sistema infallibile per fare tanti quattrini»

«Davvero? Roberto se le cose stanno così, allora interessa anche a me il guadagno. Ma in che modo, riesci a far soldi?»

«Tramite l'uso del computer e i social» rispose il tipo.

«Accidenti! Non sapevo ci fosse questa possibilità, eppure ho una certa dimestichezza con i programmi».

«In tal caso, caro Alfredo questo lavoro è proprio adatto a te! Uno di questi giorni, vieni a casa mia e ti darò due dritte per iniziare».

«Grazie. I soldi mi fanno davvero comodo, anche perché sono figlio di separati e mia madre sta facendo i salti mortali per mandare avanti la casa e mantenermi, mentre invece mio padre non ha un lavoro. Vorrei poter continuare gli studi e diventare qualcuno per dimostrare ai miei, quanto valgo».

«Capisco che sei un giovane motivato da buoni propositi. Hai un cellulare? Ti lascerò il mio numero, così se mi chiamerai, ci metteremo d'accordo per poterci vedere. Ho dei pomeriggi liberi e potremo approfondire il discorso» concluse Roberto.

«Volentieri!»

Roberto gli fornì il numero di telefono, poi si salutarono prendendo due direzioni diverse. Alfredo trascorreva dal padre quasi ogni fine settimana. L'abitazione, era vicina a quella in cui Viviana era andata a stare subito dopo la separazione da Aldo. Quest'ultimo alloggiava in un appartamento delle case popolari ed era formato da due camere da letto, un minuscolo salotto, una cucina ed un piccolo bagno. L'uomo non essendo capace a cucinare, ogni giorno ingollava panini e dolci. Durante i fine settimana con l'arrivo del figlio, comprava cibi pronti come pizzette, patate fritte o hamburger. L'alloggio oltre che disordinato era anche sporco. La madre di Aldo era rimasta a Follonica e andava da lui a Grosseto poche volte l'anno. Alfredo aveva sofferto molto per la separazione dei genitori e ancora non era riuscito a somatizzare la cosa. Durante la settimana stava con la madre, perciò, doveva cercare di essere ordinato, non dire parolacce e rispettare gli orari dei pasti; mentre quando andava dal padre, ogni cosa era permessa. Aldo era il primo a lasciare tutto in giro, a non riordinare e a mangiare a qualsiasi ora del giorno. L'uomo beveva molta birra e poi emetteva di continuo, rutti rumorosi senza nemmeno mettere la mano davanti alla bocca. Le sue magliette erano sempre macchiate e sapevano di sudore d'ascella, mentre i jeans erano stinti e sdruciti. Sicuramente, non riusciva a trovare lavoro, anche per il suo aspetto trasandato che somigliava a quello di un barbone. L'uomo era un fan accanito di gruppi rock, pertanto ascoltava le loro musiche tenendo alto il volume dello stereo. Quando il figlio tentava di studiare, interrompeva le sue letture dicendo: «Freddie ascolta questa canzone; è un pezzo di rock duro, adatto a un tipo tosto come me. Figlio mio, grazie a me e ai miei continui insegnamenti, diventerai un uomo forte come una roccia».

«Papà, ognuno è ciò che è, il carattere non si può cambiare e poi io sto bene così».

«Freddie non bestemmiare! Vuoi restare attaccato alle gonne di tua madre per tutta la vita? È questo che lei, t'insegna?»

«Beh, ma che c'entra? Io sono me stesso e non un pupazzo costruito da qualcuno»

Nell'udire quelle parole, Aldo s'infuriò, si parò davanti al figlio con le gambe divaricate e con le mani sui fianchi, sbottò: «Così, io sarei qualcuno? Freddie io sono tuo padre! Se sei nato è grazie ai miei spermatozoi, ricordalo! Pertanto, esigo che tu non faccia il tonto di fronte alle provocazioni altrui. Se per strada ti prendono a male parole, picchia sodo. Se un tuo compagno ti deride o esprime delle critiche nei tuoi confronti, fagli un occhio nero; solo così otterrai rispetto. Non lo sai che la paura fa diventare le persone mansuete?»

Aldo notò sul volto del figlio, un'espressione incredula che assumeva quando non capiva il senso delle parole udite; pertanto, il genitore, proseguì quel discorso in modo più incisivo.

«Certo che non lo sai! Sei troppo giovane e inoltre, hai poca esperienza in merito. Comunque, proprio per questi motivi, cerco di forgiare il tuo carattere un po' da sminchiato, che quella stronza di tua madre ti sta inculcando».

«Papà, non parlare così della mamma, ti prego! Lei si è

sacrificata molto per accudirmi, allevarmi e farmi studiare»

«Ah, ecco! Invece io, non ho fatto un cavolo, vero?»

«Papà, nessuno dice questo. L'unica cosa è che non hai mai versato il mio mantenimento alla mamma e quindi lei ha dovuto fare tutto da sola»

«Freddie apri gli occhi! Questa è la versione di tua madre, perché a lei fa comodo farti credere delle stronzate. Guarda che un po' di soldi, li ho pagati anch'io; d'altronde, pensi che per me sia stato facile tirare avanti da solo? Sono un precario e lavoro soltanto su chiamata della cooperativa in cui sono iscritto; quindi, fai un po' tu»

Aldo si accomodò su una sedia della cucina, appoggiò sul tavolo l'avambraccio e passò le dita della mano sulle labbra più volte, mentre il figlio posizionato vicino all'acquaio con le mani nelle tasche dei jeans, timidamente gli domandò: «Papà, in tutti questi anni non ho mai osato chiedertelo e vorrei farlo ora; mi dici per quale motivo hai lasciato la mamma?»

L'uomo smise di tormentarsi il labbro e con foga rispose: «Freddie mi spiace darti questa notizia che ti turberà assai, ma è stata lei a lasciarmi! Una sera mentre dormivo, se n'è andata portandoti via con sé».

A quella rivelazione, il ragazzo abbassò la testa e fissando le proprie scarpe da ginnastica, pensò che forse aveva fatto male a formulare quella domanda; ma aveva bisogno di comprendere, anche perché sua madre non gli aveva mai spiegato nulla circa la fine del loro rapporto. Visto che ormai il padre si era sbilanciato, Alfredo anche a costo della paura di un'eventuale reazione negativa, gli domandò: «Papà, se non ti scoccia, puoi dirmi il motivo? È importante per la mia crescita personale».

Aldo s'alzò dalla sedia, allargò le braccia e rispose: «Sì, certo...la tua crescita. Purtroppo, ciò che sto per dirti non ti aiuterà, perché non conosco la vera ragione della nostra separazione. Tua madre è una stronza e ha rovinato la nostra famiglia, dividendola».

Aldo portò una mano alla fronte e scoppiò a piangere; il figlio gli si avvicinò e lo abbracciò per consolarlo.

«Papà, dai non fare così!»

L'uomo singhiozzò tra le braccia del figlio che scoppiò a sua volta a piangere. Rimasero per un po' così; infine, quando Aldo si riprese dalla crisi, si staccò dal figlio, dicendo: «Scusami, di solito piango quando non ci sei, ma stavolta non sono riuscito a controllare le mie emozioni».

«Hai fatto bene. Non bisogna trattenere le lacrime; comunque, non ti avevo mai visto così dispiaciuto. Sei sempre stato un tipo pieno di grinta e quindi pensavo che fossi stato tu a prendere l'iniziativa di andar via».

Aldo con gli occhi rossi dal gran pianto, scosse il capo e rispose: «Freddie ti prego...non dire a tua madre, che mi sono messo a frignare come un bambino, perché sarebbe capace di burlarsi di me»

«No, stai tranquillo! Papà, questo sarà il nostro segreto»

Aldo gli sorrise.

«Freddie meno male che ci sei tu con me»

Il figlio annuì mentre l'uomo si ravviò i capelli e riacquistando in parte la tranquillità, gli domandò: «Cosa vuoi per cena? Pizza, oppure patatine e hamburger?»

«Vada per la pizza»

Quel fine settimana, Alfredo pensò parecchio alla proposta, di un facile guadagno, prospettata da Roberto. In quel preciso momento della sua vita, dopo aver assistito alla crisi di pianto di suo padre e vedendo tutti gli sforzi della propria madre nel poterlo allevare, la possibilità di riuscire ad incamerare dei soldi con il sistema informatico, lo incuriosiva. Senza perdere altro tempo, lunedì pomeriggio il ragazzo contattò Roberto.

«Ciao, sono Alfredo; ti ricordi di me? Ci siamo conosciuti venerdì in centro»

L'altro in tono compiaciuto per la chiamata, rispose: «Sì, certo che lo rammento. Alfredo cosa posso fare per te?»

«Sono interessato a quel lavoro; quando possiamo vederci?»

«Ti andrebbe bene per domani pomeriggio alle diciassette?»

«Sì».

«Hai carta e penna per segnare il mio indirizzo?»

«Sì, detta pure».

Alfredo prese nota e subito dopo, i due si salutarono. Il giorno successivo, all'ora stabilita Alfredo si recò all'appuntamento. Roberto abitava in un monolocale in centro città. L'appartamento era arredato con mobili essenziali. L'uomo impartì qualche lezione ad Alfredo e alla fine pretese il pagamento di trecentomila lire. Il ragazzo nell'udire quella richiesta, sgranò gli occhi e con un'espressione meravigliata esclamò: «Ehi, mica mi avevi detto che avrei dovuto pagarti!»

«Beh, era sottinteso! Trovami qualcuno che ti spieghi come fare una montagna di soldi, senza volere nulla in cambio. Guarda che questi soldi, li recupererai in breve tempo, vedrai!»

«Speriamo! I miei non navigano nell'oro e se lo faccio è proprio per dar loro una mano»

«Sì, sì...d'accordo ma quand'è che mi paghi?»

«Te li porto domani»

«Ma non un giorno di più, siamo intesi?»

Alfredo annuì. Quello stesso pomeriggio, il ragazzo prelevò duecentomila lire dal salvadanaio della madre, mentre il mattino dopo, con una scusa si fece prestare dai nonni, le altre centomila.

«Nonno, devo comprare delle cose per la scuola, ma non voglio dirlo alla mamma»

«Oh, bella! Perché non vuoi dirglielo?» chiese nonno Pietro

«Semplice! La mamma ha bisogno di comprarsi un abito e se le chiedessi dei soldi, probabilmente rinuncerebbe all'acquisto e questo non mi pare giusto. Lei sta già facendo così tanti sacrifici per me! Nonno, cercherò di raggranellare le mance che mi danno i miei, così ti restituirò al più presto, questi soldi che mi dai»

L'uomo gli diede una pacca sulla spalla, dicendo: «Non ti preoccupare, me li renderai appena potrai»

Alfredo lo abbracciò e uscendo dalla casa dei nonni, telefonò a Roberto.

«Roby ho i soldi che mi hai chiesto»

«Bravo, ti aspetto a casa mia»

«Roby dammi solo il tempo necessario per arrivare»

«Ok, però fai in fretta»

Quel pomeriggio, non appena Alfredo consegnò il contante a Roberto, quest'ultimo gli mostrò come agire per diventare un cyberbullo, come scegliere e accalappiare qualcuno in rete in modo tale da trasformarlo in vittima da poter ricattare. Qualche giorno dopo, Alfredo provò nuovamente a contattare Roberto; ma ogni volta il suo cellulare, risultava spento. Il ragazzo si recò allora a casa di quel tipo, ma la portinaia gli comunicò che Roberto non abitava più lì e non sapeva neppure dove fosse finito.

CAPITOLO VI

NINA REDA

Nina Reda frequentava lo stesso liceo linguistico di Alfredo. La classe frequentata dalla ragazza era la "1^G" ed era ubicata proprio accanto all'aula di Alfredo. La Reda era la classica secchiona; sempre bei voti in ogni materia e pagelle che inducevano a pensare che la ragazza avrebbe continuato gli studi. Nina non era bella e odiava il proprio aspetto fisico. Avrebbe voluto essere alta come le stangone che vedeva in tv ed invece era bassa di statura, capelli cortissimi e un po' sovrappeso. A scuola nessuno se la filava, ma anche al di fuori, non c'erano ragazzi interessati ad uscire con lei. Un giorno, alla sua amica Miriam confidò: «Sono stata proprio sfortunata ad avere un simile aspetto; i miei avrebbero dovuto evitare di mettermi al mondo!»

L'amica nell'udire quelle parole, la rimproverò dicendo: «Nina vergognati! Non voglio più sentirti dire fesserie, intesi? Potresti invece cercare di modificare il tuo aspetto, frequentando una palestra o cambiando addirittura il modo di vestire; non mi sembra il caso di buttarti giù così»

«Sì, dici bene tu che hai il ragazzo e un aspetto decisamente migliore del mio!»

«Già, però non sono intelligente come te e non ho i tuoi voti; può anche darsi che io non vada avanti a studiare, mentre invece tu sei destinata a frequentare l'Università» disse Miriam

«Ma essere brava a scuola, non mi farà trovare un fidanzato»

«Beh, dipende tutto da te; inizia con il farti crescere un po' di più i capelli, magari tingendoli di biondo, vestiti in un altro modo, meno da maschiaccio e più femminile e in ultimo, prova ad andare in palestra. Un po' di esercizio fisico non potrà che giovare al tuo corpo e ti aiuterà anche mentalmente» la incoraggiò l'amica

«Dici?»

«Certo! Nina fidati di me; ti sono amica e non ho nessun motivo per mentirti»

Nina abbracciò Miriam e con un sorrisino le rispose:

«Grazie! Mi hai ridato un po' di ottimismo»

«Ora devo proprio tornare a casa; ma domani ci mettiamo al lavoro per il tuo cambio look, ok?»

Le due ragazze si salutarono ed entrambe si avviarono verso le loro abitazioni. Nina nutriva una forte simpatia per Alfredo Giori uno studente dell'aula accanto alla sua e che si faceva chiamare da tutti Freddie. Alcuni allievi della struttura avevano paura di lui, mentre altri erano intimiditi dalla sua personalità fuori dal comune. Freddie aveva un carattere molto estroverso. Il ragazzo era alto, longilineo di corporatura, con i muscoli al posto giusto, capelli lisci un po' lunghi e uno sguardo assai penetrante. Nina s'innamorò di lui fin dal primo momento che lo vide, ma per colpa della propria timidezza non cercò mai di avvicinarlo; si limitava a salutarlo allorché lo incrociava lungo il corridoio che portava ai bagni, oppure durante l'intervallo sulla balconata del primo piano dov'erano ubicate le loro rispettive classi. Inaspettatamente, un mattino durante l'intervallo tra una lezione e l'altra, Alfredo le si avvicinò e con una scusa attaccò bottone.

«Nina mangi sempre la merendina? Non è che alla lunga, tutti quegli zuccheri ti fanno male?»

La ragazza stava sbocconcellando la sua brioche e restò per un attimo interdetta. Non riusciva a credere a ciò che le stava succedendo. Freddie era lì, bello come il sole, davanti a lei e le stava parlando! La ragazza rivolse uno sguardo al soffitto mentre euforica pensò: «Qualcuno lassù ha udito le mie preghiere!»

La ragazza inghiottì il piccolo pezzo di brioche che aveva in bocca e pulendosi le labbra con il tovagliolo, rispose: «No, stai tranquillo! Tra l'altro da lunedì inizierò a frequentare la palestra, così smaltirò tutto quanto e diventerò una silhouette»

Lui sorrise dicendo: «A proposito, il mio nome è Freddie»

«Sì, lo so. In questa scuola sei famoso perché ti considerano un bullo. Non so se ciò che dicono su di te sia reale; a me sembri un tipo che sa il fatto suo, però di qua a soprannominarti bullo, ne passa eccome! Io sono Nina la secchiona della classe. Come vedi ognuno di noi ha il proprio appellativo»

Alfredo le porse la mano e lei ricambiò la stretta, subito

dopo il ragazzo le domandò: «Ah, senti...potresti darmi il tuo numero di telefono?»

Lei con lo sguardo furbetto e con il cuore che batteva all'impazzata, rispose: «Per quale motivo?»

Alfredo si ravviò i capelli quindi replicò: «Sei simpatica e pensavo di includerti tra le mie amicizie e poi visto che sei una secchiona, magari potresti aiutarmi in qualche compito»

Lei lo guardò con occhi sognanti, quindi annuì dicendo: «Freddie mi hai convinta; sei un bravo affabulatore»

Il suono della campanella annunciò la ripresa delle lezioni; i due dopo essersi scambiati i relativi numeri telefonici, si salutarono per rientrare nelle rispettive aule. Al termine delle lezioni, Nina con una strana euforia, attese l'uscita della sua amica, dall'aula.

«Miriam c'è una novità che devi assolutamente sapere e che mi riguarda da vicino»

«Ecco perché noto nei tuoi occhi un'aria furbetta! Nina cos'è successo di così eclatante?»

«Miriam sai quel tipo di cui ti ho abbondantemente parlato in tutti questi mesi?»

«Ah, sì, ho capito...si tratta di Freddie vero? L'hanno finalmente mandato via da questa scuola?»

«Ma no, che stai dicendo? Miriam forse non ci crederai, ma quel Freddie stamane mi ha chiesto il numero di cellulare»

Il volto dell'amica si rabbuiò di colpo e prontamente esclamò: «Nina dammi retta: lascialo perdere, quello non è pane per i tuoi denti»

«Miriam ma tu non ragioni! Il ragazzo che mi piace, vuole il mio numero e tu mi consigli di lasciarlo perdere?»

«Sì, proprio così e anche alla svelta. Qui a scuola lo sanno tutti che quel Freddie è un bullo e se inizierai a frequentarlo, ti farà del male. Tu non sei nella sua classe e certi episodi non li conosci nemmeno. Io invece, ne sono al corrente perché un mio amico è nell'aula insieme a quel Freddie e mi ha raccontato del suo coltellino che mostra a tutti e minaccia di usarlo contro di loro, ma mi ha anche parlato degli scherzi idioti che fa ai compagni. Quel tipo, non è assolutamente adatto a te, fidati!»

Nina a quelle parole si adombrò e seccamente le rispose:

«Bell'amica che sei! Ora capisco, Miriam sei gelosa di me! Vorresti essere tu al mio posto, vero?»

«Ma nemmeno per sogno! Tu sei una brava ragazza e farai molta strada con i tuoi studi, andrai all'università e diventerai sicuramente una scienziata di fama mondiale. Quel Freddie invece, chissà come finirà! Sicuramente qualcuno lo denuncerà e si ritroverà dietro alle sbarre di una prigione. Ora scusami, ma devo ritornare a casa»

«Ti sei offesa per le cose che ti ho detto, vero?»

«Nient'affatto! Presumo che tu abbia reagito così perché dentro di te, sai che ho ragione, ma non vuoi ammetterlo. Ricorda che ti sono amica e se hai bisogno di me, sai dove trovarmi. A domani, ciao Nina!»

«Ciao!»

Miriam con lo zaino carico di libri, s'allontanò a passo svelto. Nina ricevette un messaggio sul cellulare da Freddie.

«Nina dove sei?»

«Fuori dalla scuola ma ora vado a casa; invece, tu dove sei?»

«In palestra per la lezione di ginnastica. Anch'io non vedo l'ora di tornare a casa per sedermi davanti al computer»

«Sì, più tardi lo farò anch'io!»

«Idea! Per caso hai una webcam abbinata al computer?»

«Certo che ce l'ho»

«Nina sai che facciamo? Più tardi, anziché chattare sui social, potremo dialogare e vederci con la webcam, che ne dici»

«Mi pare un'ottima idea. Freddie sai che sono molto contenta che tu ti sia accorto di me?»

Alfredo ridacchiò pensando: «Sei un cesso; impossibile non rendersi conto di quanto sei brutta»

Non potendo però rivelare alla ragazza i propri pensieri, le disse: «Beh, ora il professore mi sta chiamando e devo andare a fare ginnastica; ci sentiamo più tardi. D'accordo?»

«Sì, certo! A dopo!»

In seguito a quella richiesta, Nina si sentì al settimo cielo; finalmente un ragazzo bello come il sole, si stava interessando a lei. Freddie avrebbe potuto uscire con qualche sua compagna di classe o altre ragazze molto carine che frequentavano quella scuola e invece no, aveva chiesto proprio il suo numero di telefono. Quasi non osava credere che un tipo come Freddie le avesse messo gli occhi addosso. Nina era così presa da quella frenesia idilliaca, che iniziò a canticchiare ad alta voce il ritornello di una canzone molto in voga in quel momento tra i giovani. Al rientro a casa, la madre nell'udire la figlia cantare, si girò verso il marito ed esclamò: «Mi sa tanto che Nina è innamorata»

Il marito tese le orecchie, poi scosse il capo e disse: «Non se ne parla proprio! Nina è troppo giovane per i filarini; deve andare all'università»

Quel pomeriggio, Alfredo le mandò un messaggio in cui le chiedeva di andare al computer e di collegare la webcam. Chattarono per un po' sui vari social, si videro tramite la telecamera e all'ora di cena si salutarono. L'esca era stata gettata. Il giorno dopo, durante l'intervallo Nina s'avvicinò ad Alfredo e gli sorrise; quindi spostando il ciuffo di capelli dalla fronte, gli domandò: «Ciao, come va?»

«Bene, l'unica cosa negativa qui dentro, è il metodo d'insegnamento di alcuni professori; non lo trovi anche tu barboso?»

«Mah, sarà che a me piace così tanto studiare, che non ci faccio caso»

«Beata te!»

«Cosa farai al termine del liceo? Ti iscriverai all'università?» domandò Nina

«Non credo proprio di riuscire a resistere in questa scuola per tutti i cinque anni; penso che opterò per un istituto professionale, così farò l'idraulico o l'elettricista»

«Allora ti chiamerò di continuo per le riparazioni»

Risero entrambi e Alfredo pensò: «Certo che questa qui è proprio brutta e non migliora neppure quando ride»

Due giorni dopo, durante l'intervallo, Alfredo chiese a Nina se quella sera, aveva voglia di andare a mangiare una pizza con lui.

«Wow! Tu ed io da soli?»

«Certo, non mordo mica!»

Lei ridacchiò tutta contenta e gli domandò: «A che ora ci vediamo?»

«Alle diciannove davanti alla scuola, tanto la pizzeria è nei dintorni»

«D'accordo, sarò puntuale come un orologio svizzero»

Lui annuì. Il suono della campanella interruppe i loro discorsi; i professori si affacciarono sulla soglia delle relative classi facendo segno agli alunni di rientrare per proseguire le lezioni.

Nina raccontò ai genitori, che quella sera andava a mangiare una pizza con le amiche. La ragazza impiegò l'intero pomeriggio per capire cosa indossare per quel primo appuntamento. Alla fine, dopo essersi pavoneggiata per due ore davanti allo specchio provando i vari vestiti, la scelta ricadde su un abito di lanetta grigio un po' scollato, calze velate, un paio di scarpe di vernice nere e borsetta in tinta. Suo padre nel vederla così elegante, le domandò: «Nina di solito, quando vai in pizzeria indossi sempre i jeans; come mai stasera sei così elegante? Non è che ti vedi con un maschietto?»

La ragazza arrossì leggermente e abbassando lo sguardo, rispose: «Ma no! Esco con le amiche; ma ho pensato che non posso mettere solo e sempre i pantaloni»

La madre approvò la scelta della figlia e replicò: «Hai fatto bene. Nina divertiti, però non fare troppo tardi!»

La ragazza stampò un bacio sulla guancia di entrambi i genitori, dopodiché s'incamminò verso la scuola. Nina arrivò puntuale mentre Alfredo non c'era ancora; in quell'attesa spasmodica, la ragazza provò un senso d'insicurezza con pensieri negativi.

«Magari è un altro dei suoi scherzi. Miriam me l'aveva detto di stare in guardia. D'altronde se lo chiamano "bullo" ci sarà pure una ragione, no? Già, ma perché dovrebbe fare lo stupido con me? Aspetterò ancora un po' e poi tornerò a casa; con i miei inventerò una balla...ad esempio che mi sono confusa sul giorno. Speriamo che Miriam non telefoni per qualche motivo a casa mia, altrimenti salta tutto»

Dopo mezz'ora di snervante attesa, finalmente vide arrivare Alfredo e quando lui la raggiunse, anziché scusarsi per quel ritardo, le mise fretta.

«Ciao, Nina. Che facciamo, andiamo?»

«Sai che sei un bel tipo? Sono stata qui ad aspettarti

mezz'ora e quando arrivi, invece di scusarti o darmi delle giustificazioni valide, mi "soffi sul collo"»

«Nina finora, non mi sono mai giustificato con nessuno, la gente deve accettare i miei pregi che sono molti e i pochi difetti che ho»

«Mamma, mia! Sei il classico ragazzo nato sul piedistallo; Freddie guarda che la vita non è come la intendi tu. La vita è meravigliosa se la vivi in sintonia con tutto il resto dell'universo, rispettando la natura, ma anche le persone»

«Scommetto che fai parte di un ente per la difesa del pianeta»

«Freddie questi tuoi discorsi mi stanno facendo cadere le braccia. Mi sembra impossibile che tu non riesca a capire i miei ragionamenti»

«Mi stai dando dell'ignorante? Senti facciamo una cosa, lasciamo perdere la pizza; ci vediamo domani a scuola, d'accordo?»

Alfredo si voltò e fece il gesto di andar via; Nina con la mano lo bloccò per un braccio dicendo: «Ti chiedo scusa, non volevo farti il sermone. Dai, andiamo a mangiare»

Il ragazzo con un sorriso beffardo disegnato sulle labbra, rispose: «Ok, ti scuso; la pizzeria è proprio là in fondo a quella via»

Lei annuì e lo seguì proprio come avrebbe fatto un cane con il proprio padrone. Il locale non era molto grande ma in compenso era assai rinomato per le pizze. I due sedettero ad un tavolo situato al fondo della pizzeria. Durante la cena, i loro discorsi furono improntati sulla scuola, il tempo libero e la famiglia. Quando Nina gli rivolse la domanda su come immaginava il futuro, Freddie s'alzò dalla sedia e in modo sbrigativo le disse che era ora di tornare a casa. Pagarono il conto alla romana ed uscirono dal locale. Una volta all'aperto, Nina notò che lui era imbronciato; pensando che quel malumore fosse scaturito dalla domanda che lei gli aveva rivolto in pizzeria, decise di scusarsi. All'improvviso lui bloccò Nina per un braccio, l'attirò a sé e la baciò con violenza. Lei rimase sbalordita e confusa perché, in fatto di sesso, non aveva alcuna esperienza. Alfredo invece, vantava una lunga lista di donne anche più grandi d'età con le quali aveva avuto brevi filarini. Il ragazzo era stato precoce in tutto, anche nel sesso. All'età di tredici anni, era stato beccato da suo padre sui gradini della cantina, mentre baciava una donna venticinquenne che abitava nello stesso caseggiato di Aldo. Quella volta il padre sgridò di brutto soprattutto la donna, dicendole che non avrebbe dovuto irretire così un ragazzino. Malgrado quella scenata, due giorni dopo, quella tipa, fece entrare Alfredo in casa e se lo portò a letto facendo sesso con lui. Quella fu la sua prima volta. Da quel momento, incominciò ad infilarsi nel letto di ragazze o donne che gli facevano capire d'essere disponibili ad un approccio amoroso. Nel sesso, era un torello come il padre, con la sola differenza che quest'ultimo si vantava parecchio di ciò che faceva, mentre invece Alfredo non raccontava a nessuno le doti da stallone che possedeva. Nina rimase confusa da quei baci che di sentimentale avevano ben poco. Alfredo le tirò su il vestito e le toccò le cosce, poi cercò di abbassarle le mutandine di pizzo.

«Fammi toccare lì sotto come sei fatta»

Nina lo respinse in modo energico, si tirò giù il vestito ed esclamò: «Freddie sei troppo precipitoso; forse sei abituato a frequentare ragazze che ci stanno al loro primo appuntamento. Io sono diversa da loro, perciò se non ti spiace vado a casa»

Lui si spostò il ciuffo di capelli dalla fronte, si aggiustò il colletto della camicia e rispose: «D'accordo, come vuoi; il problema è solo tuo. Stanotte prima di dormire, pensa al sesso che avresti potuto fare ma che per una sciocca idea, hai rifiutato. Ci vediamo domattina a scuola. Ciao!»

Alfredo si voltò e a passo svelto s'allontanò da lì, lasciando Nina sconcertata da quello strano suo comportamento, che gli urlò dietro: «Stronzo! Vorrei proprio sapere chi ti credi di essere!»

Quando rientrò a casa, i suoi genitori erano già andati a dormire. Più tardi, nel buio della propria cameretta, Nina ripensò a quella strana serata; al fatto che lui non s'era scusato per il ritardo, non le aveva fatto neppure un complimento per l'abito che indossava e poi quei baci privi di dolcezza che l'avevano delusa. La ragazza faticò ad addormentarsi e al mattino, il suo risveglio fu lento e assai difficile. A scuola, durante l'intervallo, Alfredo con il cellulare in mano, si posizionò sulla balconata un po' distante da Nina. Quest'ultima, nel vedere la sua indifferenza, senza pensarci su, s'avvicinò al ragazzo dicendo: «Che fai, non mi saluti più?»

Lui alzò lo sguardo dal display del telefono e frettolosamente le rispose: «Ciao, pensavo fossi ancora arrabbiata con me»

«Guarda che ieri sera, eri tu ad avere il muso»

«Nina scusa se te lo dico, sarai anche brava a scuola, ma con i ragazzi sei una frana»

«Ah, sì? Allora, visto che sei così esperto di relazioni, spiegami come mi devo comportare con te»

«Beh, sicuramente non ora, non mi sembra il caso. Se vuoi, ci sentiamo in chat oggi pomeriggio»

«D'accordo! Ciao, Freddie!»

Alfredo non rispose, ricambiò il saluto con un cenno della mano, quindi si diresse verso la propria classe come tutti gli altri alunni. Nina soddisfatta per essere riuscita a parlare con Freddie non riuscì a concentrarsi sulla lezione. La sua mente era già proiettata al pomeriggio, a quando avrebbe potuto chattare con il ragazzo di cui era innamorata. Non le interessava se quei baci non erano stati romantici, se non le aveva fatto dei complimenti o era stato un po' rude; ciò che le importava veramente, era poter restare nuovamente tra le sue braccia. Per rimanere con Alfredo avrebbe rinunciato a qualsiasi cosa, anche a studiare. Fin dal primo istante, lui aveva capito che Nina era debole di carattere e quindi manipolabile. Quel pomeriggio alle diciassette in punto, Nina si collegò ad alcuni social e le arrivò l'invito in chat da parte di Alfredo.

«Freddie ti stavo aspettando con ansia»

«Beh, ora sono qui. Accendi la webcam»

«Di cosa parliamo oggi? Sai, vorrei provare a tirare fuori dal tuo carattere, il tuo lato migliore.»

«Francamente non ho molta voglia di raccontare cose mie; vorrei invece conoscere meglio il tuo corpo»

«Freddie scusa, ma che intendi dire?»

«Tanto per cominciare, vorrei che tu ti levassi quell'orrenda maglietta arancione con il gattino nero disegnato sul davanti e che ti mostrassi con addosso un reggiseno un po' sexy. Lo vuoi fare per me?»

Nina stupita da quelle parole appena udite, rimase un attimo in silenzio poi rispose: «Va bene; ne ho giusto uno in pizzo nero, lo vuoi vedere?»

«Naturalmente, però lo devi indossare»

«D'accordo, aspetta un attimo»

Dopo cinque minuti, Nina si mise davanti alla telecamera con addosso i jeans e il reggiseno a balconcino nero.

«Freddie sono sexy?»

«Sì, ora fai un selfie di viso e seno; poi mi posti la foto sulla messaggeria. Stasera a letto, guarderò le foto e penserò a te»

«Non ti credevo così romantico!»

«Perché, che idea hai di me?»

«Se te lo dico, non è che poi ti offendi?»

«No, Nina spara pure!»

«Beh, ti credevo un po' rozzo; ma sbagliavo»

«Davvero?»

«Sì! Comunque ti aiuterò a migliorare»

Nina esaltata da quella strana situazione e dalle parole del ragazzo, si fece dei selfie.

«Fatto! Ora ti invio le foto»

«Ok, ora le salvo e le stampo. Ciao, Nina!»

«A domani, Freddie!»

Il pomeriggio successivo, i due si beccarono nuovamente in chat.

«Nina oggi il compito è più difficile di quello di ieri. Devi mettere un paio di slip sexy abbinati al reggiseno»

«Dammi un minuto e mi potrai vedere con la webcam»

Poco dopo, Nina si mostrò agli occhi di Freddie con il completo intimo in pizzo. Lui le scrisse: «Sei eccitante, ma ora dovrai sdraiarti sul letto con lo sguardo accattivante»

«Mah, non so; non l'ho mai fatto!»

«Beh, che significa...prova, no? Fingi di volermi eccitare. Su, svelta!»

La ragazza fece quanto richiesto.

«Nina ora ti sto guardando con la telecamera; sorridi,

spalanca gli occhi e appoggia una delle tue mani sulla bocca. Ecco, così! Ora leva la mano e passa la lingua sulle labbra come se fossero sporche di cioccolato. Lecca le labbra, bene, così. Nina per essere la prima volta, sei molto brava»

«Ti piaccio?»

«Certo!»

Nina sorrise, poi a bruciapelo, gli domandò: «Pensi che potresti innamorarti di me?»

Lui esitò nel rispondere.

«Forse, ma prima dovremmo fare sesso insieme»

«Scusa Freddie ma che c'entra il sesso con l'innamoramento?»

«Nina c'entra eccome! Il sesso per me è un fattore importante dello stare insieme ad una persona. Se una donna mi eccita, fa crescere la voglia di restare con lei. Sei d'accordo?»

«Boh, forse...io che sono innamorata di te ho sempre voglia di restare con te e quindi c'è qualcosa nel tuo discorso che non mi convince del tutto»

«Ora devo andare, ci vediamo domattina a scuola. Ciao!»

«A domani, anche se non hai replicato alla mia teoria dello stare insieme, ma hai chiuso la connessione. Boh!»

Il mattino dopo, durante l'intervallo Alfredo le si avvicinò dicendo: «Domani pomeriggio, mio padre non c'è. Vorrei portarti a casa sua, per fare sesso; che te ne pare?»

Nina arrossì e confusa per la proposta, esitò a rispondere.

«Allora?»

«Freddie dammi tempo per pensare, no?»

«Ho capito, la verità è che mi hai preso in giro perché non provi nulla per me»

Il ragazzo girò sui tacchi e rientrò in classe, mentre Nina a voce alta, replicò: «No, io...ecco non...»

Alfredo era già all'interno dell'aula; solo alcuni alunni udirono quelle parole e si misero a parlottare tra loro. Nina rientrò in classe, ma non riuscì a seguire la lezione. La sua mente era assorbita dai pensieri su Freddie. Lei avrebbe voluto diventare la sua ragazza, ma la spaventava dover andare a letto con lui perché ancora non lo conosceva bene. La sua paura era quella di essere soltanto usata da lui. Quel bacio datole senza amore, l'aveva sconvolta a tal punto da indurla a profonde riflessioni; probabilmente l'avrebbe portata a letto e subito dopo l'avrebbe scaricata. Il professore la chiamò alla lavagna e le fece alcune domande alle quali Nina non seppe rispondere. Al termine delle lezioni, Miriam le si avvicinò chiedendo: «Nina non stai bene? Sei pallida e sembri distante; problemi in famiglia?»

«No, nulla di tutto questo»

«Ah, ho capito! Il tuo problema è Alfredo»

Nina girò sui tacchi per andar via, mentre Miriam le urlò dietro: «Una volta ti confidavi con me, ora hai quasi paura a parlarmi»

Nina si fermò di colpo, si voltò e fissando in viso l'amica rispose: «Miriam fammi un piacere, non immischiarti più nella mia vita privata»

Detto questo, Nina s'allontanò a passo svelto per tornare a casa, mentre l'amica scoppiò a piangere per quella cruda risposta. La madre accolse Nina con un abbraccio dicendo: «Posa lo zaino e lavati le mani; la pasta è pronta e ora la metto in tavola. Svelta, sennò si raffredda»

La figlia annuì, andò nella propria cameretta, controllò la propria immagine allo specchio e pensò: «La verità è che sono brutta, quindi dovrei essere contenta che Freddie voglia fare sesso con me e invece sono triste. Beata Miriam che è bella, piena di corteggiatori e non ha che da scegliere. Io sono innamorata di uno che mi vuole solo portare a letto. Che devo fare?»

In preda al turbinio di pensieri, Nina andò in cucina e sedette a tavola. La madre le porse il piatto di pasta al forno e intanto le domandò: «Nina com'è andata stamane a scuola?»

«Normale»

«Sei stata interrogata? Hai preso dei voti?»

«No, oggi no»

La madre notò che la figlia era pallida e taciturna; perciò, le accarezzò una guancia chiedendo: «Nina cos'hai? Non stai bene?»

«Sono solo un po' stanca»

«Sei pallida e mi sembri anche un po' triste»

Nina scattò in piedi di colpo e alzando il tono della voce rispose: «Tutti a chiedermi se sto male; possibile che uno non possa stare per i fatti suoi, senza che gli altri vogliano sapere delle cose?»

La madre nel vedere quella reazione, sgranò gli occhi e replicò: «Nina abbassa il tono della voce! Hai parlato di altri, ma in realtà sono tua madre e se ti vedo pallida, avrò pure il diritto di farti delle domande, no?»

Nina rimase in silenzio e la madre la invitò a mangiare.

«Non ho fame!»

La donna prese il piatto e rovesciò la pasta nel bidone della spazzatura dicendo: «Ho cucinato apposta per te, ma se non hai fame e non vuoi parlarmi, vai in camera tua»

Nina senza profferire verbo, si ritirò in camera. La madre ripose il piatto nella lavastoviglie, poi si sistemò sul divano e iniziò a sfogliare una rivista. Nina si buttò sul letto ma fu assalita dai sensi di colpa per aver risposto male alla madre; pochi minuti dopo, tornò in salotto, sedette sul divano ed esclamò: «Mamma, scusami! Non dormo bene e sono nervosa, ma non per questo dovevo mancarti di rispetto. Perdonami!»

La madre le sorrise, mentre Nina le buttò le braccia al collo. Stettero per un po' abbracciate poi la ragazza ritornò in camera, si sdraiò sul letto e pensò a come poter fare con Alfredo. In quel momento, le arrivò un suo sms.

«Allora? Cos'hai deciso?»

Nina non ebbe molto tempo per decidere e il cuore ebbe il sopravvento sulla ragione.

«Verrò a letto con te» rispose lei con un sms

Il pomeriggio successivo, subito dopo le lezioni, Alfredo si avvicinò a Nina dicendo: «Seguimi, ti porto a casa di mio padre»

Lei gli toccò il braccio e domandò: «Sei sicuro che lui sia via?»

«Certo! Dai su, non perdiamo altro tempo prezioso»

I due s'incamminarono a piedi. Lui anziché prenderla per mano come lei si aspettava facesse, recuperò dalla tasca il telefono ed iniziò a guardare dei messaggi che gli stavano arrivando sui social. Se Nina avesse ascoltato la vocina che dentro di lei le diceva di girare i tacchi, di sicuro avrebbe mollato quel mostro di arroganza che aveva vicino. Invece, a causa della passione che la stava logorando, continuò a camminare accanto a lui. Allorché giunsero alla meta, Alfredo cercò le chiavi nella tasca dei pantaloni e con quelle aprì il portone e l'uscio di casa. Una volta all'interno dell'alloggio, il ragazzo tirò su le tapparelle nelle varie stanze. Nina volse lo sguardo intorno e rimase colpita dal disordine e lo squallore che regnava lì dentro. Lei così abituata alla perfezione e all'ordine, non avrebbe potuto vivere in mezzo a tutto quel caos e sporcizia.

«La casa è un po' in disordine» esclamò Freddie

«Sì, vedo»

«Mio padre vive da solo e quindi si deve aggiustare»

«Non faccio fatica a crederlo» replicò la ragazza

«Nina non fai ridere e non devi giudicare gli altri»

«Io non giudico mai nessuno, ma sono abituata a vivere in una casa con più ordine e pulizia»

«Tu sei fortunata ad avere una famiglia unita; forse è per questo che non riesci a capire la situazione dei figli di genitori separati»

«Sei cattivo a dire così! Eccome, se ti ho capito! Comunque, perché sei così scorbutico nei miei confronti?»

Alfredo non replicò, le afferrò una mano e la trascinò verso la camera da letto. Quella stanza, era proprio sporca. Le tende erano macchiate in alcuni punti e mezze staccate dal bastone, il copriletto era arrotolato in fondo al letto e le federe dei guanciali erano ingiallite e di colore diverso. I mobili erano di foggia antiquata, mentre a soffitto non c'era il lampadario ma un filo a cui era attaccata una lampadina. Alfredo la fece sedere sul letto, quindi iniziò a spogliarsi davanti a lei. Nina arrossì, perché era la prima volta che vedeva un ragazzo nudo. Alfredo era ben dotato, con un corpo tonico e muscoli sodi.

«Spogliati anche tu, dai!» disse lui

La ragazza timorosa, cominciò a levarsi gli indumenti. Alfredo stava lì a guardarla e intanto pensò: «Non è bella neppure nuda; per eccitarmi penserò a qualcun'altra che mi sono portato a letto»

Quando arrivò il momento di togliere reggiseno e mutandine, Nina con le guance in fiamme e un senso di vergogna, s'infilò nel letto coprendosi con quel lenzuolo che odorava di sudore.

«Nina se ti copri così, come facciamo a fare sesso?»

«Alfredo mi vergogno; finora non mi sono mai fatta vedere nuda da nessuno»

«Dai, non ci credo! Non dirmi che sei ancora vergine!»

Nina annuì.

«Porca miseria! Metteremo un asciugamano; perché se si macchia il lenzuolo, dopo chi lo sente mio padre?»

Alfredo prese un asciugamano abbastanza grande e spiegò alla ragazza che doveva stenderlo sotto il corpo all'altezza del ventre. Nina non afferrò il senso di quella richiesta ma eseguì l'ordine. Subito dopo, Alfredo si coricò accanto a lei e per non correre il rischio di vederla in viso, la fece sdraiare sul fianco; iniziò a strusciarsi contro il corpo di Nina pensando però ad un'altra donna con cui aveva avuto rapporti. A quel ricordo, il giovane si eccitò e quando si sentì pronto, fece mettere prona Nina, si posizionò sopra di lei e senza nessun preliminare, la penetrò. Nina gridò per il dolore, ma Alfredo continuò a muoversi ritmicamente su di lei fino a quando stremato, raggiunse l'orgasmo. Al termine di quel rapporto sofferto, la ragazza andò in bagno a lavare le parti intime, mentre Alfredo fotografò l'asciugamano macchiato leggermente di sangue che subito dopo fece sparire dentro l'armadio. Nina uscì dal bagno con la mano destra appoggiata sulla parte bassa del ventre.

«Alfredo mi hai fatto male!»

«Beh, dura solo un attimo, poi passa; ora sei pronta per andare a letto con chi vuoi»

La ragazza gli mollò un ceffone, dicendo: «Ma per chi mi hai presa? Guarda che non sono mica come le altre ragazze che frequenti; se sono venuta a letto con te è perché sono innamorata di te»

Lui le bloccò la mano con cui l'aveva schiaffeggiato e replicò: «Che sia la prima e ultima volta che mi dai una sberla, capito? Sei innamorata di me? Ahahahah! Con te, io ho solo fatto sesso e basta. Naturalmente, sarà il nostro segreto e se dirai a qualcuno che sei venuta a letto con me, ti prenderò a sberle, siamo intesi?»

Nina scoppiò a piangere.

«Smettila di smoccolare; le femminucce che piangono non mi sono mai piaciute. Piuttosto, vestiti e torna a casa; altrimenti mio padre ti trova qui»

Nina senza farselo ripetere, indossò al volo i propri abiti e senza salutare Alfredo uscì da quell'alloggio, dirigendosi a passo svelto verso casa. Lungo il percorso, pensò a quanto accaduto e mormorò: «Come ho fatto ad essere così stupida da andare a letto con un pezzo di merda simile? Basta, di lui non ne voglio più sapere nulla!»

Quella sera a tavola, quasi non parlò con i genitori e il giorno dopo fece finta di andare a scuola, mentre in realtà passò la mattina seduta su una delle panchine del parco a riflettere. All'ora di pranzo, ritornò a casa e con la madre finse di essere andata al liceo e di avere molte materie da studiare. Quel pomeriggio, le telefonò Miriam.

«Nina non stai bene? A scuola non c'eri e allora ho pensato ad un malessere passeggero»

«No, sto bene; solo che avevo bisogno di riposare un po'. Ultimamente non sto dormendo molto»

«Problemi con Freddie?»

«Scusa, ma non ho voglia di parlare di lui; anzi, per il futuro, evita di nominarlo in mia presenza»

«Cavoli! Dev'essere arrivato uno tsunami che t'ha colpito in fronte! Vuoi parlarmene?»

«No, per ora non posso dirti ciò che è successo. Miriam piuttosto, vorrei chiederti una cosa»

«Dimmi...»

«Ti prego di non dire ai miei che oggi non ero presente a scuola»

«Nina stai tranquilla, lo sai che di me ti puoi fidare; però cerca di riprenderti presto e se avrai bisogno di una spalla su cui piangere, chiamami!»

«Grazie. Miriam sei una vera amica. Scusami per le parole cattive di qualche giorno fa»

«Scuse accettate. A presto!»

Anche nei giorni successivi, Nina uscì da casa dicendo alla madre che andava a scuola, mentre in realtà, si fermò al parco o in caso di pioggia, dentro ad un bar. Stava lì seduta per ore a riflettere su come comportarsi o cosa fare per dimenticare Alfredo che tra l'altro non l'aveva cercata neppure una volta, nemmeno per salutarla. La delusione era forte per aver buttato via con lui e in quel modo poco romantico, la propria verginità. I rimorsi e i rimpianti per ciò che aveva fatto, si facevano sentire soprattutto la notte, mentre sdraiata a letto, ripensava a quel rapporto doloroso consumato in fretta. Lui l'aveva trattata come una sgualdrina e lei non lo meritava. Ripeteva come un mantra, che quell'incontro non era avvenuto e che non conosceva un ragazzo di nome Alfredo Giori. Qualche giorno dopo, riprese ad andare a scuola. Nina prima di varcare la soglia del liceo respirò a fondo, cacciò via i pensieri negativi, salì lungo la scala e s'accomodò al banco. La ragazza evitò di incontrare Alfredo e quando se lo ritrovò vicino per sbaglio, non lo degnò di uno sguardo. Due giorni dopo, le arrivò un sms tramite Whatsapp di un certo FX.

FX: «So che ti chiami Nina e vai al liceo»

Nina: «Chi sei? Che vuoi?»

FX: «Sono FX e voglio soldi»

Nina: «Guarda che stai sbagliando persona, i miei non sono ricchi»

FX: «Può darsi; ho qualcosa da mostrarti»

In quel momento lo sconosciuto postò su WhatsApp la foto dell'asciugamano macchiato di sangue.

Nina: «Beh, perché hai postato questa foto?»

FX: «Non lo riconosci?»

Nina: «Dovrei?»

FX: «Non ricordi la tua prima volta a letto con un uomo?»

Nina impallidì di colpo, sentì un vuoto allo stomaco mentre le parve di vedere girare ogni cosa attorno. La sensazione durò qualche minuto e intanto quel tipo, la incalzò con altri messaggi.

FX: «Allora? Se non lo ricordi da sola, ti rinfresco io la memoria»

Nina: «Non ce n'è bisogno; quell'asciugamano era a casa del padre di un certo Alfredo. Scusa, come mai ce l'hai tu?»

Il tizio non rispose subito e Nina capì che stava prendendo tempo per inventarsi qualcosa da dire.

Nina: «Beh, hai perso la parola?»

FX: «Trecento euro e non dirò a nessuno il segreto di questo asciugamano»

Nina: «Non ho tutti quei soldi e non posso neppure chiederli ai miei»

FX: «Rubali o posterò questa foto; sarai lo zimbello del liceo. Sai che risate si faranno?»

La ragazza scoppiò a piangere e lo supplicò:

Nina: «Ti prego, non farlo!»

FX: «Pagami e nessuno lo saprà»

Nina: «Li devo dare a te?»

FX: «Sì»

Nina: «Non ci conosciamo, come farò a consegnarti i soldi?»

FX: «Intanto trovali e domani ti ricontatterò per darti le istruzioni necessarie»

Il contatto sparì e Nina piombò nel panico assoluto; si mordicchiò le unghie pensando: «Come faccio a procurarmi tutti quei soldi?»

Quella stessa sera, a casa di Nina arrivò un amministratore di stabili, amico del padre. L'uomo ogni giorno incassava parecchio contante. Nina arraffò i soldi dalla valigetta che lui aveva posato nell'ingresso. La ragazza agì mentre il tipo era impegnato in una partita a carte con i suoi genitori. Nessuno di loro s'accorse che lei aveva messo le mani nella valigetta. Il giorno successivo FX la contattò nuovamente.

FX: «Allora, hai trovato i soldi?»

Nina: «Sì, come faccio a darteli?»

FX: «Li metterai all'interno di una busta da lettera che appoggerai sulla panca in legno della penultima fila della chiesa vicino casa»

Nina: «D'accordo, ma poi mi prometti che non mi chiederai altri soldi?»

FX: «Io non prometto mai nulla a nessuno e tanto meno a

te»

Nina: «Allora, se non mi dai certezze, non ti pago»

FX: «Se non lo fai, posto sui social anche altre foto e tu farai una bella figura di merda»

Nina: «Voglio che tu mi dica che la smetterai»

A quel punto FX postò una foto sul social e Nina portò le mani alla fronte.

Nina: «Maledetto! Mi vuoi rovinare?»

FX: «Tuo padre lo sa che stai sdraiata sul letto a leccarti le labbra come le pornostar?»

Nina: «Come fai ad avere quella foto? Te l'ha data Freddie?»

FX: «Freddie che nome stupido! Chi è costui?»

Nina: «Alfredo è il compagno di liceo di cui sono innamorata. A scuola, lo chiamano Freddie. Dimmi, come fai ad avere quella foto e anche quella dell'asciugamano macchiato?»

FX: «Questi sono i trucchi dello smanettare sul computer»

Nina: «Sei solo un misero truffatore»

FX: «Senti, non sono qui per farmi insultare, quindi paga»

Nina: «Perché lo fai?»

FX: «Soldi; se mi pagherai la cifra che ti ho chiesto, smetterò di postare le tue foto»

Nina: «Va bene, domani ti porterò il denaro»

FX: «Mi raccomando, penultima fila»

Nina: «Sì»

Il cyberbullo mise fine ai commenti. Quella notte, Nina non riuscì a dormire bene e ripensò a tutti gli strani messaggi del cyberbullo, ad Alfredo che l'aveva ingannata ma anche ai soldi che era stata costretta a rubare all'amico di suo padre. Se quell'uomo avesse collegato l'istante in cui quel denaro aveva preso il volo, avrebbe capito che era stata lei a portarglielo via e quindi suo padre sarebbe andato di mezzo. Nina si rigirò più volte nel letto preoccupata per ciò che sarebbe successo il giorno dopo e sbuffando, a mezza voce esclamò: «In che razza di pasticcio mi sono cacciata!»

Il mattino dopo, Nina entrò in chiesa e si guardò attorno. A quell'ora c'era soltanto la perpetua che stava pulendo l'altare. La ragazza sedette su una delle panche della penultima fila e attese che la donna tornasse in sacrestia; quindi, tirò fuori dallo zaino la busta contenente il denaro e la posizionò sulla panca. Aspettò dieci minuti per riuscire a vedere in volto FX, ma siccome non entrò nessuno, Nina uscì dalla chiesa e andò a scuola ma non riuscì a seguire la lezione. Pensava a quella busta lasciata sulla panca, senza essere certa che FX l'avesse ritirata. Si sentiva in colpa per aver tolto i soldi all'amico di suo padre. Il dubbio che FX potesse essere Alfredo si insinuò con prepotenza nella sua mente. Nell'intervallo, Nina lo vide ridere con alcuni compagni e questo aggiunse altri sospetti su di lui; infatti, in tanti mesi di scuola, non lo aveva mai visto ridere così forte. Alfredo non le si avvicinò, né tentò di parlarle o telefonarle; per lui, era come se Nina non fosse mai esistita. Miriam capì al volo, che tra i due doveva essere successo qualcosa di eclatante. Un pomeriggio, con una scusa, si presentò a casa di Nina, la raggiunse nella cameretta e mentre erano sedute sul letto, l'amica le disse: «Nina sono preoccupata per te, sei assente e triste; perché non mi racconti tutto?»

«Sono stata a letto con Alfredo»

Miriam rimase con la bocca spalancata, poi le domandò: «É stato bello? Lo vedi ancora?»

«La mia prima volta, l'avevo immaginata diversa. Alfredo mi ha fatto sentire "sporca", come se fossi una "poco di buono" e ora non mi saluta nemmeno»

«Nina hai preso delle precauzioni per non restare incinta?»

Nina scosse la testa dicendo: «No, è successo e basta»

«E se dovessi scoprire che aspetti un bambino?»

«Un figlio da Alfredo? Non credo che potrei tenerlo»

Miriam appoggiò una mano su quella dell'amica dicendo: «Ti capisco! Probabilmente deciderei così anch'io. Ora che farai?»

«Proseguirò negli studi»

«Sì, tu sei brava»

«Miriam mi avevi messa in guardia su Alfredo ma io non ti ho ascoltato; ora mi trovo in questo grosso guaio»

«Beh, se non lo vedrai più...»

Nina portò le mani alle tempie, pensando se raccontare all'amica del ricatto che stava subendo.

«Nina, ti vedo turbata, c'è qualcos'altro che mi devi dire?»

La ragazza scattò in piedi come se avesse inghiottito una molla e replicò: «Sì, ciò che mi sta capitando mi assilla; ma mi vergogno a confessartelo. Pensare che mi avevi avvisata che lui non era affidabile e ci sono caduta come una pera che casca dall'albero e s'ammacca»

«Dai, coraggio! Dimmi cos'è successo»

Nina abbassò gli occhi e guardò a lungo le ciabatte ai piedi, quindi rispose: «Quando troverò il coraggio, ti racconterò ogni cosa»

Miriam s'alzò dal letto dicendo: «Come vuoi. Questa poteva essere l'occasione giusta per te, ma lo farai quando ti sentirai pronta. Ci vediamo domattina. Ciao, Nina!»

«Ciao!»

Quando l'amica se ne andò, Nina ripiombò nella disperazione. A cena, udì la telefonata tra l'amico e il padre e tramite il vivavoce seguì la conversazione.

«Cooosa? Ma quei soldi dove li tenevi?» domandò il padre

«Nella valigetta insieme agli altri» rispose l'amico

«Se fosse stato un furto, avrebbero portato via tutto, no?»

«Sì, è vero; eppure, prima di arrivare da te, i soldi c'erano!» precisò l'amico

«Ti sarai sbagliato a contarli»

«No. Con quei soldi dovevo pagare la rata del mutuo e bisogna essere precisi, altrimenti è possibile che la banca mi requisisca la casa» replicò sconsolato l'uomo

«Eh, sì! Comunque, per l'amicizia che ci lega, te li presterò io. Domattina passa da me in ufficio» concluse il padre di Nina

Al termine della telefonata, l'uomo commentò la notizia con la moglie e la figlia. Nina provò un senso di nausea e quella notte non dormì per il rimorso circa la figura che stava facendo fare a suo padre. Il giorno dopo, FX tornò a farsi vivo con Nina e le chiese altri soldi. Lei glieli diede e due giorni dopo, FX si rifece vivo. Nina disperata per ciò che FX le stava facendo; pensò di farla finita con il mondo intero. Allorché i suoi genitori fossero venuti a conoscenza di tutto, sarebbe successo un macello. Nina chiuse gli occhi e come in un film, vide la scena in cui suo padre le urlava contro e sua madre con gli occhi gonfi che piangeva disperata. Pensò anche alla vergogna che lei avrebbe provato nei confronti di parenti, vicini, amici e compagni di scuola. Non le era occorso molto tempo per capire che FX, era Freddie, perché solo lui aveva le foto e i video che minacciava di postare su WhatsApp. FX le aveva chiesto dei soldi e Nina aveva racimolato ogni volta la somma che lui pretendeva. La ragazza aveva cercato di beccare in flagrante Freddie anche solo per guardarlo in faccia con disprezzo, ma lui l'aveva sempre fatta franca. Nina avrebbe voluto riversare su di lui tutta la rabbia e il disgusto che provava nei suoi confronti, per essere stata ingannata in quel modo così meschino e subdolo. Quel mattino, non riuscì a concentrarsi sulla lezione. Durante l'intervallo cercò di parlare con Freddie ma notò che il ragazzo era impegnato in un discorso con un professore; pertanto, rinunciò. Lungo il percorso verso casa, Nina inviò un messaggio ad Alfredo.

«Freddie devo parlare con te. Chiamami!»

Lui però non le rispose e non le telefonò. Quello stesso pomeriggio tramite WhatsApp, le arrivarono invece diversi messaggi da parte di quello sconosciuto.

FX: «Mi occorre altro denaro»

Nina: «Cooosa? Spero tu stia scherzando! Stavolta non so come fare per procuramelo»

FX: «É affar tuo; vuoi che foto e video finiscano in rete, o che tuo padre venga a sapere cosa fai nel tempo libero dalla scuola?»

Nina: «No, no...per carità!»

FX: «Allora, paga!»

Nina: «Quanto dovrei darti stavolta?»

FX: «Cinquecento euro»

Nina nel leggere quel messaggio sbiancò e si sentì mancare.

Nina: «Ma dove li trovo?»

FX: «Li devi racimolare per domani, poi mandami un messaggio su WhatsApp.»

Nina: «Domani? Non riesco!»

FX: «Ah, sì? Allora guarda che faccio!»

Nina ricevette una notifica sul social e scoppiò a piangere. Quel fetente di FX aveva postato la foto in cui lei indossava il reggiseno in pizzo.

FX: «Allora che fai? Paghi?»

Nina: «Sì!»

Quella stessa sera, il padre di Nina durante la cena, si lamentò per non aver più trovato i duecento euro che aveva messo nel portafoglio il giorno precedente.

«Prima sono spariti al tuo amico e ora a te, come mai?» gli domandò la moglie

«Boh! Forse nel tirare fuori un pezzo di carta con un numero di telefono, mi sono caduti a terra e li ho persi.» rispose il marito

La ragazza abbassò gli occhi e senza dire nulla, si affrettò a mangiare la minestra che aveva nel piatto. Durante la notte, Nina si rigirò nel letto senza riuscire a prendere sonno. Preoccupata per quella nuova richiesta di soldi che non sapeva come recuperare, passò l'intera nottata in bianco. Al mattino, si alzò malvolentieri e andò in cucina dove c'era la madre che stava preparando il caffè. «Nina come sei pallida! Tesoro, non stai bene?»

«No, mamma stai tranquilla; sono solo preoccupata per il compito di inglese»

La madre le si avvicinò, le accarezzò la guancia dicendo: «Figlia mia, prenderai un bel voto»

«Grazie, mamma. Ora mi preparo per andare a scuola. Papà è già uscito?»

«Sì, ora esco anch'io. Ciao, a stasera!»

«Ciao, mamma!»

Non appena la ragazza rimase sola, prese la chiave che i suoi avevano nascosto dentro ad un barattolino in cucina e con quella aprì la cassaforte nascosta dietro a un quadro in salotto. Prelevò alcuni gioielli in oro, richiuse la cassaforte poi rimise al loro posto sia il quadro, sia la chiave. A quel punto si vestì per andare al banco dei pegni. Un'attesa snervante di circa un'ora e l'addetto le valutò quei gioielli consegnandole cinquecento euro. La ragazza mandò un messaggio a FX.

Nina: «Ho i soldi»

FX: «Domattina, stessa ora e posto»

Nina: «Però non me ne chiedere più, capito?»

FX: «Capito, a me non lo dici, ok? Se mi fai innervosire metto in rete altre foto»

Nina: «Va bene!»

FX: «Brava e cerca di essere puntuale»

Il mattino dopo, Nina si recò nuovamente in chiesa e subito dopo la consegna, ritornò a casa. Non aveva voglia di andare a scuola perché non voleva vedere Freddie. In seguito alle foto postate da FX sul social, i compagni se la ridacchiavano tra loro e lei si sentiva disagio. Nei giorni successivi, FX non si fece vivo e Nina pensò di tornare a scuola; durante l'intervallo, non uscì sulla balconata per evitare di vedere Freddie. Quel fine settimana terminò e Nina tirò un sospiro di sollievo pensando: «FX avrà capito che non ho più soldi e quindi mi lascerà in pace»

Contrariamente alle sue aspettative, il lunedì pomeriggio, FX si rifece nuovamente vivo.

FX: «Mille euro»

Nina: «Guarda che non ho più un soldo!»

FX: «Trovali, sennò ti sputtanerò davanti a tutti»

Nina: «D'accordo! Troverò la somma»

Il mattino dopo, Nina prelevò dalla cassaforte altri gioielli della madre che portò al banco dei pegni. L'addetto glieli valutò meno di quanto lei aveva sperato. Tornata a casa, scoppiò a piangere e solo quando si fu calmata, mandò un messaggio a FX.

Nina: «Solo quattrocento»

FX: «Ciccia, ne mancano ancora seicento»

Nina: «Ma non capisci che non riesco a trovarli?»

FX: «Affari tuoi! Domattina portami i quattrocento, poi cercherai il resto»

Nina non rispose a quell'ultimo messaggio. Il mattino dopo, portò in chiesa la busta, ma siccome non riuscì a racimolare il restante denaro, FX postò sul social un'altra foto di Nina, quella in cui era in reggiseno e slip in pizzo. Il giorno dopo a scuola, alcuni compagni la squadrarono per poi ridacchiare tra loro. La ragazza con i nervi a fior di pelle, a voce alta domandò: «Beh, si può sapere che avete da ridere?»

Miriam le si avvicinò e nel tentativo di calmarla, disse:

«Nina che succede? Salti le lezioni, posti sui social fotografie sexy e ora fai la nervosa con i tuoi compagni. Sei molto cambiata»

«Guarda che non ho postato nulla»

Miriam sgranò gli occhi e con voce alterata le rispose: «Nina mi stai prendendo per scema? Certo che ci vuole coraggio a negare in questo modo le evidenze»

Miriam le porse il proprio cellulare e mostrò a Nina le foto che qualcuno aveva postato su tutto il gruppo di amici e conoscenti presenti sul social. A quella vista, Nina sbiancò, si sentì mancare il respiro e s'appoggiò al muro per non cadere a terra, quindi scoppiò a piangere. Miriam l'abbracciò cercando di consolarla.

«Nina dai su, non fare così!»

La ragazza si staccò da lei e in lacrime replicò: «Miriam come faccio a calmarmi? Non capisci che ora provo vergogna nei confronti di tutti quelli che mi conoscono e dei miei genitori?»

Detto questo, si voltò e facendo due scalini alla volta, discese la scala che portava al pianoterra; a quel punto spalancò la porta della scuola e uscì all'aperto. L'insegnante d'inglese, si avvicinò a Miriam chiedendo: «Cos'è successo? Perché Nina è scappata via così?»

Miriam non voleva spiegare il vero motivo e quindi si limitò a rispondere: «Professore, Nina ed io siamo amiche e ho provato a chiederle cosa la stava turbando; ma lei è corsa via piangendo»

«Va bene, rientra pure in classe. Parlerò al preside, perché il suo rendimento è calato e spesso è assente da scuola»

Miriam tornò in aula. Quel professore percorse il corridoio e bussò alla porta del preside. Intanto, Nina a passo svelto raggiunse la propria abitazione; erano le undici del mattino e i genitori erano ancora al lavoro. La ragazza andò nella cameretta, indossò la maglietta e il paio di jeans che le piacevano tanto. Sedette alla scrivania, aprì un cassetto, tirò fuori un foglio di carta bianco e una biro e scrisse poche righe ai suoi genitori per scusarsi con loro per il gesto che stava per fare. Mise il foglio dentro ad una busta insieme alle due ricevute del banco dei pegni. Alla scadenza, i genitori avrebbero potuto recuperare i gioielli che lei era stata costretta a impegnare. Appoggiò la busta sul tavolo della cucina, quindi ritornò in camera.

Spalancò la porta finestra e andò sul balcone. Si guardò intorno e respirò a pieni polmoni quell'aria così frizzantina che di colpo, le ricordò le gite in montagna, il profumo dei fiori e quello della torta di mele che le faceva sempre sua nonna. Ripensò alle corse con la bici che le aveva regalato suo padre e agli abbracci della madre. Sorrise. In quel momento, il tuffo nel passato le aveva fatto scordare l'ultimo periodo, quello più brutto che ahimè un attimo dopo, le tornò in mente. Ripensò ai messaggi di FX e all'inganno di Freddie che aveva sfruttato la sua debolezza in amore. Allorché suo papà fosse venuto a conoscenza di ciò che lei aveva combinato, le avrebbe dato una bella strigliata e lei in quel momento non era in grado di sopportare la sua collera. Suo padre la riteneva pura, ma nel vedere quelle foto o sapere che lei aveva portato al banco dei pegni i gioielli di famiglia, avrebbe sicuramente provato un immenso dolore. «Sono stata una stupida e ora desidero solo un po' di pace.»

Senza riflettere oltre su ciò che sarebbe successo dopo quel suo folle gesto, Nina scavalcò il muretto del balcone e si lanciò nel vuoto. Mentre il suo corpo fluttuava in quell'aria frizzantina, avvertì una leggerezza mentale mai provata prima, mista ad una sorta di pentimento tardivo per il gesto che aveva appena compiuto. Fu questione di pochissimo e il corpo della ragazza, piombò a terra. I passanti furono quelli che per primi s'accorsero della disgrazia. Dallo squarcio nel cranio, il sangue era schizzato via copioso, allargandosi in una grande chiazza, colorando di rosso vivo, quel pezzo di marciapiede grigio. Il corpo era piombato a terra con un tonfo sordo. Una donna nel vedere quella ragazza cadere dal balcone, urlò portando entrambe le mani alla bocca; un'altra signora svenne, mentre un uomo chiamò con il cellulare i mezzi di soccorso. Alcune persone erano accorse accanto a quella giovane stesa a terra.

Un tizio si chinò sulla ragazza, scosse tristemente il capo e in tono mesto, esclamò: «È morta! Copriamola con un telo, affinché i bambini che stanno per uscire da scuola, non si spaventino; ma anche per un senso di rispetto nei confronti di questa poverina»

Una donna che abitava nello stabile a fianco, entrò nel portone, salì le scale di corsa e una volta all'interno del proprio alloggio, prelevò un lenzuolo in cotone con una stampa a fiori. Senza perdere tempo ulteriore, la donna uscì dall'appartamento e ridiscese velocemente la rampa di scale. Una volta all'aperto, la signora porse a quel tizio coraggioso che s'era avvicinato per primo alla ragazza, il lenzuolo a fiori affinché ne coprisse il corpo. Un'altra donna ad alta voce disse: «Io la conoscevo; una così brava ragazza! Cosa le sarà successo? I suoi genitori a quest'ora, sono sicuramente al lavoro. Poverini, non vorrei proprio "vestire" i loro panni!»

Un'altra signora alzò gli occhi verso la facciata della casa e additando i balconi, commentò: «Avrà perso l'equilibrio. L'ho sempre detto che le balaustre di questi balconi sono troppo basse, ma nessuno mi ha mai dato retta ed ora guardate cos'è successo!»

Un tizio ad alta voce ribatté: «Bando alle ciance, qualcuno di voi, per caso, ha il numero di telefono dei genitori della ragazza?» Un'altra donna, in preda alla commozione, rispose: «Poveri genitori! Purtroppo, il loro numero non ce l'ho. Bisognerebbe telefonare all'amministratore dello stabile, affinché provveda ad avvisarli di quanto è successo!»

In quel preciso momento, il suono della sirena dell'ambulanza squarciò l'aria e avvicinandosi al luogo in cui era avvenuto il fatto, divise in due la folla che si era radunata lì attorno. Dall'ambulanza scesero gli addetti e un medico; quest'ultimo, capì immediatamente che non c'era più nulla da fare. Uno dei barellieri, telefonò immediatamente al comando di polizia del quartiere e all'agente che rispose, spiegò ciò che era successo. Dopo pochi minuti, arrivarono sul posto il questore, l'ispettore di polizia, il procuratore generale e un furgone di infortunistica legale che s'occupava del trasporto delle salme in obitorio. Gli agenti della stradale, con delle transenne bloccarono il passaggio a piedi deviando il traffico urbano in quel tratto.

L'amministratore del condominio, avvisò i genitori di Nina che giunsero sul posto immediatamente, ma per vedere la figlia, dovettero attendere. Gli uomini della scientifica, dopo aver indossato la tuta bianca con cappuccio, guanti in lattice e soprascarpe, si avvicinarono al corpo. Uno dei tecnici scattò alcune foto per immortalare il luogo dove si trovava il cadavere e il balcone da cui la ragazza era caduta. A quel punto, con un gessetto bianco, fu tracciata la sagoma attorno al cadavere, poi furono posizionati i cartelli numerati accanto al corpo, alla mano della ragazza aperta e ad alcune impronte di suole sporche di terra lì vicino. Gli agenti della scientifica, con l'ausilio delle varie apparecchiature, cercarono eventuali indizi mentre il medico legale, indossò i guanti in lattice e si avvicinò al cadavere per accertarne il decesso. L'uomo chiese ai genitori di avvicinarsi e sollevò nuovamente il telo che ricopriva il cadavere. La madre nel vedere il corpo della figlia steso a terra senza vita, con tutto il sangue intorno, urlò dallo spavento e dal dolore.

«Ninaaaaaaaa!»

La donna istintivamente, cercò di gettarsi sulla figlia per abbracciarla, ma gli agenti la bloccarono. Il marito l'abbracciò scoppiando a piangere insieme a lei. La donna svenne e fu subito soccorsa dal medico presente sull'ambulanza. Allorché si riebbe, ricominciò a piangere, mentre il marito cercò di confortarla. Entrambi, straziati da quel dolore improvviso e così immenso, si domandarono quale poteva essere stato il motivo che aveva generato quel folle gesto. Nel frattempo, oltre ai cronisti e fotoreporter di un noto giornale locale, giunsero sul posto, anche alcuni operatori di una televisione nazionale con la speranza di poter realizzare uno scoop sia per la trasmissione, sia per l'uscita del quotidiano del giorno dopo. Uno dei cronisti si rivolse all'ispettore di polizia chiedendo: «Nome e cognome della vittima?»

«Si tratta della giovane Reda Nina»

«Suicidio o delitto?» domandò il cronista

«Sono in corso le indagini per appurarlo»

«C'è qualcuno che ha assistito al fatto?»

«Sì, alcuni passanti, ma non abbiamo ancora potuto

interrogarli. La scientifica ed il medico legale stanno ancora facendo gli ultimi accertamenti e comunque verrà disposta l'autopsia. Ragazzi, mi spiace, ma fino a che non avremo dati certi, non potrò dirvi altro»

«Ispettore, la prego! Tra un'ora dobbiamo consegnare l'articolo al nostro editore; possiamo avvicinarci un po' per scattare foto e magari parlare con i genitori o con i testimoni?»

L'uomo fu irremovibile.

«Mi spiace, ma per ora, dovrete fare delle riprese da qui»

Il cronista sbuffò, mentre gli agenti non permisero a nessuno di oltrepassare le transenne. L'ispettore s'avvicinò al medico legale chiedendo: «Dottore, può già stabilire l'ora del decesso?»

«La ragazza 15 anni, è caduta dal terzo piano dello stabile e bisognerà stabilire se si è gettata di sua spontanea iniziativa o se è stata spinta da qualcuno. In seguito ad una prima analisi, il corpo non presenta segni di lotta; gli indumenti intimi non le sono stati tolti, perciò scarterei la finalità della morte in seguito a violenza. Il rigor mortis comporta una rigidità muscolare che inizia dopo circa tre ore dalla morte e dato che i muscoli della mascella, dei gomiti e delle ginocchia sono ancora morbidi, significa che il decesso della ragazza risale a un'ora fa, circa. Sulla relazione che riceverà via mail, segnerò le undici e trenta. Sarò più preciso, solo dopo l'autopsia»

«Bene, mi faccia sapere»

Il medico annuì e terminò il proprio lavoro, mentre l'ispettore s'avvicinò ai genitori di Nina e usando un tono delicato, disse: «Capisco ciò che state passando, ma avremmo bisogno di dare un'occhiata dentro casa vostra»

«Va bene, saliamo pure» rispose il padre

I genitori, l'ispettore e alcuni tecnici della scientifica, presero posto sull'ascensore ed arrivarono al terzo piano dov'era ubicata l'abitazione della famiglia Reda.

«Per non correre il rischio di inquinare le eventuali prove, vi chiedo la cortesia di restare per qualche minuto sul pianerottolo, per dar modo ai tecnici di controllare i vari ambienti»

La donna chiese all'ispettore una sedia. I tecnici visionarono tutte le camere e il balcone. Sul tavolo della cucina, trovarono la lettera, rilevarono le impronte e la portarono all'ispettore che indossò i guanti in lattice e ne lesse il testo ad alta voce.

"Cara mamma e caro papà,

quando leggerete questa mia lettera, io non ci sarò più. Sono andata a letto con Alfredo Giori uno dei miei compagni di liceo e me ne vergogno profondamente, ma non è per questo che ho deciso di togliermi la vita. Io ero così innamorata di Alfredo che avrei fatto qualsiasi cosa per piacergli, in cambio chiedevo solo di essere riamata. Lui però facendo leva sul mio sentimento, mi ha ingannata e con il nome di FX ha iniziato a ricattarmi sui social chiedendomi denaro in grande quantità. Non volevo che voi veniste a conoscenza dei miei errori e non sapendo come procurarmi i soldi per pagare FX, inizialmente li ho rubati dalla valigetta dell'amico di papà. In seguito, ho tolto dei soldi dal portafoglio di papà mentre per ulteriori richieste di denaro, ho aperto la cassaforte e ho portato tutti i gioielli della mamma, al banco dei pegni. Qui ci sono i due tagliandi per poterli riscattare. Vi chiedo scusa per non aver avuto il coraggio di affrontare il vostro sguardo e vi chiedo di perdonarmi anche per il gesto che sto per compiere. Vi amo moltissimo e mentre lascerò questo mondo, penserò solo alle cose belle che mi avete dato.

Un bacio grande da vostra figlia Nina"

La donna trattenne i singhiozzi, fino al termine di quella lettura assai penosa, dopodiché sia lei, sia il marito, si strinsero in un abbraccio ed insieme scoppiarono in un pianto disperato. Al termine dei controlli, uno dei tecnici si rivolse all'ispettore, dicendo: «Noi abbiamo finito e torniamo in centrale»

«Io mi fermo ancora un po' qui dai Signori Reda»

«D'accordo, le lasceremo il rapporto sulla sua scrivania»

«Bene, grazie!»

I tecnici salutarono ed uscirono. L'ispettore vide i genitori di Nina molto scossi; pertanto, quando entrarono in cucina, l'uomo versò dell'acqua nei bicchieri che porse loro chiedendo: «Signori Reda mi confermate che questa è la calligrafia di Nina?»

Il padre con un filo di voce esclamò: «Sì!»

L'ispettore annuì poi replicò: «Il foglio verrà messo agli atti; comunque farò dei controlli su quel Giori. Ora dovrei andare, posso lasciarvi soli?»

Il padre della ragazza annuì.

«Quando potremo vedere Nina?» domandò la madre

«Sentirò il medico legale e vi farò sapere»

L'ispettore tirò fuori dalla tasca della giacca in cotone blu, un biglietto da visita che porse all'uomo dicendo: «Per qualsiasi necessità, questo è il mio numero di cellulare. Ora vado ma più tardi, vi chiamo così vi aggiorno sugli sviluppi»

«D'accordo, grazie!» rispose il signor Reda

L'ispettore Doriani annuì, quindi uscì dallo stabile, salì sull'auto di servizio e telefonò al questore. «Per il caso Reda abbiamo un primo sospettato, si tratta di Giori Alfredo un compagno di liceo di Nina. A quest'ora sarà già tornato da scuola; per favore, può collegarsi al sito anagrafico? Ho intenzione di far visita ai suoi genitori»

«D'accordo, già che ci sono controllerò anche la fedina penale della famiglia» disse il questore

«Va bene, resto in linea»

Pochi minuti il questore disse: «I genitori di Alfredo non sono sposati e risiedono entrambi a Grosseto. Il nome della madre è Lodi Viviana e ha un contratto di lavoro mentre il padre, Giori Aldo è disoccupato e abita nelle case popolari. A carico dell'uomo, vi sono diverse querele»

«Sbaglio se lo definisco un piantagrane?»

«No, affatto! Doriani ora le mando un sms con i due indirizzi, ma Alfredo vive con la madre; mi faccia sapere com'è andata»

«Senz'altro!»

Pochi secondi dopo, arrivò l'sms con i due indirizzi. Doriani decise di andare subito da Viviana. L'uomo suonò al citofono e la donna si affrettò a rispondere: «Sì?»

«Signora Lodi Viviana?»

«Sono io, chi è lei?»

«Ispettore Doriani posso salire?»

«Sì, quarto piano»

Un clic e il portone in legno massiccio si aprì, permettendo all'uomo di poter salire sull'ascensore e accedere al piano desiderato. La porta dell'alloggio era aperta e Viviana era sulla soglia. L'ispettore dopo aver mostrato il distintivo, le tese la mano; la donna gliela strinse e lo invitò ad entrare. Viviana lo condusse in cucina e l'uomo arrivò al nocciolo della questione, dicendo: «Signora Lodi stamattina una ragazza che frequentava lo stesso liceo di suo figlio, s'è tolta la vita»

Viviana strizzò gli occhi, fece una smorfia con la bocca e in tono addolorato, esclamò: «Poveretta! Che dolore per i suoi genitori»

«Già!»

«Scusi, ma noi cosa c'entriamo?»

«Questa è una copia del biglietto lasciato dalla ragazza»

Viviana lesse ciò che Nina aveva scritto, impallidì e sgranando gli occhi, disse: «Non ci posso credere! Alfredo un usurario o, peggio ancora, un essere immondo senza cuore che minaccia e ricatta le persone? No, guardi...mio figlio avrà anche molti difetti, ma non è sicuramente come questa ragazzina l'ha descritto. Magari si era innamorata di lui e respinta, s'è inventata queste cose»

«Le madri sono sempre protettive verso i loro figli, ma la mia professione m'impone delle verifiche. Dov'è ora suo figlio?»

«Dal padre; vuole l'indirizzo?»

«Grazie, ce l'ho già. Le lascio il mio numero di cellulare, nel caso suo figlio rientri prima del previsto»

«Ah, ok!»

L'ispettore tese la mano alla donna e si congedò da lei; quindi, scese in strada e salì a bordo dell'auto per raggiungere l'altro indirizzo. In casa c'era solo Aldo che accolse l'ispettore in modo scostante. Doriani mostrò all'uomo la lettera scritta da Nina.

«Ho capito bene? Lei sta asserendo che il mio Freddie ha fatto del male a quella ragazza? Vuol sapere com'è andata? Lei ha fatto la civettuola, lui se l'è portata a letto ma siccome lui non voleva più continuare, Nina s'è buttata di sotto. Per inguaiare mio figlio, sì è inventata la storia di FX. Freddie è un bravo ragazzo; a volte un po' fessacchiotto, ma approfittatore, no. Non permetto di bollare mio figlio come un lestofante che raggira le ragazze per denaro»

«La signora Lodi mi ha detto la stessa cosa, però devo parlare con Alfredo; dove lo posso trovare?»

«Sarà tornato da sua madre»

«Va bene. Ora devo andare»

Doriani uscì dall'abitazione di Aldo, risalì in auto e rimase lì per un po' di tempo a riflettere. Alfredo rientrò a casa della madre. La donna, appoggiata al lavello della cucina con le braccia incrociate sul petto, attendeva nervosa, l'arrivo del figlio.

«Ciao, mamma! Cosa mi prepari per cena? Ho una fame da lupi!»

«Alfredo perché non mi parli di Nina?»

Il ragazzo fece una smorfia con le labbra e domandò: «Nina chi?»

«Una tua compagna di liceo»

Alfredo tra il confuso e il faceto, rispose: «Ah, sì...la secchiona, un po' bruttina che mi sta dietro»

«Ti stava dietro, ora non lo farà più»

Il ragazzo nell'udire il tono asciutto della madre, deglutì saliva e domandò: «Scusa, ma che significa?»

«É morta!»

A quella notizia inaspettata, impallidì e balbettando domandò: «Mo...Morta? Ma no, non è possibile! Ma se stamane era a scuola!»

«Un'ora fa è venuto qui l'ispettore Doriani; in mano aveva una lettera scritta da quella ragazza. Nina Reda si è buttata giù dal balcone di casa sua e le poche righe che ha scritto prima di lanciarsi nel vuoto, sono un'accusa verso di te; secondo quel foglio, la colpa è tua. Alfredo tu ed io dobbiamo parlare e sia ben chiaro, non voglio sentire balle da te»

«Mamma, se quella ha deciso di morire perché era matta, io che c'entro?»

«Tra un po' tornerà qui l'ispettore di polizia e dovrai dire anche a lui cos'è successo. Quindi inizia a farlo con me, forza!»

Alfredo s'appoggiò al tavolo e cominciò a spiegare come lui e Nina avevano fatto amicizia.

«Solo questo?»
«Sì, certo! Frequentavamo lo stesso liceo e ci salutavamo, ma nulla di più!»
La madre lasciò partire una sberla che colpì con forza, in pieno viso il figlio.
«Mi stai mentendo! Dimmi cos'è successo o giuro che ti colpisco ancora. Credo che tu non abbia capito la gravità della situazione; per colpa tua, Nina s'è tolta la vita, i suoi genitori sono disperati e tu mi prendi in giro con la favola dei due compagni di liceo che si salutano con la manina. Mi hai preso per un'idiota?»
La madre spostò una sedia e la posizionò vicino al figlio dicendo: «Forza, siediti! Sono tua madre ed esigo la verità, qualunque essa sia!»
Alfredo di fronte a quell'ordine perentorio, si mise a sedere, si massaggiò la guancia arrossata per la sberla e raccontò come aveva convinto Nina ad andare a letto con lui.
«Dov'è successo?»
«Nella camera di papà»
«Coooosa? L'hai portata là?»
«Sì, perché c'è qualcosa di male?»
«Incredibile! Vedi la normalità anche dove non c'è; comunque, vai avanti!»
«Basta, non ho altro da dire»
La madre lasciò partire un'altra sberla e Alfredo urlò: «Ahia! La finisci di picchiarmi?»
«Sì, ma solo quando mi dirai ciò che voglio sentire»
«Allora parlerò di cose inesistenti; sei contenta?»
La madre paonazza in volto dalla collera, gli domandò: «Alfredo perché non mi dici chi è FX? È un tuo amico?»
Il ragazzo arrossì in volto, abbassò lo sguardo e rimase per un po' a fissare le proprie scarpe da ginnastica.
«Hai capito la mia domanda?»
Alfredo scattò in piedi come una molla e urlò: «Sì, ho capito...non sono mica sordo!»
«Bene, allora, rispondi!»
Alfredo dopo un attimo di esitazione, confessò: «E' perfettamente inutile che io giri ancora intorno alla cosa o che

m'inventi delle bugie; purtroppo, FX sono io»

La madre senza perdere altro tempo, afferrò il telefono, compose il numero del cellulare di Doriani e disse: «Sono la mamma di Giori Alfredo. Ispettore può venire a casa mia?»

«Dieci minuti e sono da lei» rispose l'uomo

Al termine della telefonata, la donna scoppiò a piangere; il figlio le puntò l'indice contro e con sguardo colmo d'ira, esclamò: «Mi hai denunciato, si può sapere che razza di madre sei?»

«Una madre che per riuscire a mantenerti gli studi, si è spezzata la schiena lavorando sodo e che ha cercato di farti crescere all'onore del mondo; ma ho fallito e per questo motivo, ora non ho voglia di parlare con te»

Viviana sentiva la testa in confusione mentre le pareva che un macigno le fosse caduto addosso. Quel figlio che lei aveva difeso anche dalla cattiveria del padre, l'aveva delusa profondamente. Alfredo in preda all'ansia per l'arrivo di Doriani, iniziò a mordicchiarsi le unghie delle mani e a passeggiare nervosamente nell'ingresso. Dieci minuti dopo, udirono il suono del citofono. La donna s'alzò dalla sedia e s'avvicinò al citofono. Il figlio le si parò davanti e con le lacrime agli occhi, la supplicò: «Mamma, non aprire, ti prego!»

La donna lo scansò e schiacciò il tasto di apertura del portone; quindi attese che Doriani salisse al piano. Non appena l'uomo entrò in casa, lei esclamò: «Mio figlio Alfredo è in cucina, è lui FX»

Entrambi raggiunsero la cucina. Alfredo pallido in volto, fissava il pavimento. Doriani lo salutò e sedette davanti a lui.

«Stamattina, Reda Nina si è lanciata dal balcone di casa sua ed è morta sul colpo. Una sua lettera ti accusa di ricatto. Nina ti aveva dato del denaro e in seguito, nel timore che il padre scoprisse ciò che lei aveva fatto, ha pensato di lanciarsi nel vuoto»

Alfredo scoppiò in un pianto sommesso.

«Quel tipo di nome Roberto mi ha convinto a cercare una vittima da colpire sul web per guadagnare in fretta del denaro. I miei sono separati e mio padre se la sta passando male; l'ho fatto per aiutarlo, senza riflettere che questo mio gesto, poteva nuocere a qualcuno»

«In effetti ciò che hai fatto è grave, in quanto, a seguito delle tue estorsioni di denaro una tua coetanea s'è tolta la vita»

«Ispettore, sono amareggiata» concluse Viviana

«Lo immagino! Signora, conosce un buon avvocato? Lo interpelli in fretta affinché si occupi della difesa di Alfredo. Dal controllo dei tabulati del traffico telefonico, abbiamo trovato le chiamate e i messaggi partiti dal cellulare di suo figlio verso quello della vittima; pertanto, i coniugi Reda procederanno per vie legali»

La donna portò una mano alla fronte e scuotendo il capo esclamò: «Siamo a posto, questa non ci voleva proprio!»

L'ispettore chiamò il questore al telefono: «Dottor Silanni mi serve un'auto per portare in centrale Giori Alfredo quel ragazzo citato dalla Reda...ci pensa lei?... Grazie, aspetto qui»

Quando l'uomo chiuse la conversazione, Viviana in modo accorato, domandò: «Ora che succederà ad Alfredo?»

«Suo figlio verrà con me in centrale e sarà interrogato in presenza dell'avvocato da lei scelto; nel frattempo, lo dirò ai coniugi Reda che denunceranno Alfredo e cercheranno dei testimoni. A quel punto, suo figlio comparirà in tribunale. Sicuramente, opteranno per il rito abbreviato e pertanto, il giudice gli assegnerà la pena da scontare, oltre ad un risarcimento in denaro da pagare alla famiglia di Nina»

«Vogliono anche i soldi?»

«Eh, sì. In ogni caso, il vostro avvocato dovrà mediare sia la pena, sia il risarcimento»

«A suo parere, Alfredo quanto resterà in galera?»

L'uomo scosse la testa e allargò le braccia dicendo: «Intanto suo figlio verrà posto in custodia cautelare e in seguito sarà il Giudice del tribunale dei minori che stabilirà ogni cosa; in quanto alla pena che gli verrà comminata non saprei, non sono un principe del foro e non mi intendo di questo»

Due secondi dopo, squillò il cellulare di Doriani: era il questore che lo avvisava dell'arrivo del mezzo che avrebbe condotto il giovane in questura.

«Signora Lodi devo portare suo figlio in centrale»

«Vengo anch'io! Vi seguirò con la mia auto e poi chiamerò

un avvocato che conosco»

«Bene, allora scendiamo»

Alfredo ebbe uno slancio improvviso verso la madre e nell'abbracciarla, esclamò: «Mamma, sono pentito, ti chiedo scusa!»

Lei ricambiò quella stretta e accarezzandogli la testa, rispose: «Figlio mio, mi hai deluso ma ti starò vicino come ho sempre fatto»

L'ispettore fece un cenno al ragazzo che si staccò dalle braccia della madre.

«Alfredo dobbiamo andare!» esclamò l'ispettore

Il ragazzo a testa bassa e con le lacrime agli occhi, seguì Doriani in strada dove c'era la volante. La madre invece, salì sulla propria auto. I due mezzi arrivarono in centrale. Mentre Alfredo stava comunicando i propri dati all'agente di custodia, Viviana contattò telefonicamente sia i propri genitori per avvisarli di quanto era successo, sia un suo compagno delle medie che era diventato avvocato e che accettò di difendere Alfredo. Dieci minuti dopo, l'avvocato Ruzza arrivò trafelato in centrale; dopo le presentazioni, si mise a sedere accanto al ragazzo prendendo appunti su ciò che gli veniva imputato. Viviana telefonò al padre di Alfredo per avvisarlo di quanto era successo. Aldo si precipitò in centrale e al suo arrivo, iniziò a offendere l'ex compagna.

«E' colpa tua! Volevi creare un figlio modello, una bella statuina che rispondesse a comando e invece Freddie ha fatto l'esatto contrario!»

«Aldo non mi pare questo il momento, per fare discussioni»

«Già, tu la risolvi facile! Ora dici che non è il momento, forse domani lo è; guarda che hai fatto la stessa cosa con me, stronza!»

Doriani nell'udire che l'uomo stava insultando l'ex compagna, non poté fare a meno di riprenderlo in modo autorevole dicendo: «Signor Giori noi non ammettiamo parolacce, né epiteti; tra l'altro il problema è suo figlio e non di sicuro la signora Lodi. Quindi moderi il linguaggio»

Aldo annuì, poi domandò: «Posso vedere mio figlio?»

«Ora no, con lui c'è l'avvocato Ruzza; forse tra un po' lo

potrà salutare»

Aldo s'appoggiò alla parete d'angolo e infilò le mani nelle tasche dei jeans un po' lisi. Un'ora dopo, l'avvocato s'avvicinò a Viviana dicendo: «Tuo figlio è molto scosso e la situazione non è bella; per ciò che ha fatto, rischia parecchio»

Aldo infastidito per non essere considerato dall'avvocato, gli si avvicinò e a voce alta, sbottò: «Ah, ho capito! Viviana adesso se la fa con lei! Guardi che là dentro c'è mio figlio e quella lì, non capisce un tubo di come si alleva un ragazzo»

L'avvocato lo guardò con commiserazione, mentre Viviana rispose: «Aldo ma come ti permetti? Lui è un mio compagno di scuola, sposato con una mia amica e io non me la faccio di certo con lui, capito? Cerca di essere più riverente con l'avvocato Ruzza che cercherà di mediare la pena che infliggeranno ad Alfredo. Se vogliamo parlare di come si alleva un figlio, tu non puoi certo dare lezioni agli altri. Ora, taci che è meglio!»

Viviana si rivolse all'avvocato, dicendo: «Scusalo, Aldo non sa cos'è l'educazione!»

«Sì, infatti! Non fa nulla, ora dobbiamo pensare ad Alfredo. Domattina, butterò giù una linea di difesa e poi contatterò sia te, sia lui. Presumo che i genitori di Nina si metteranno in contatto con me tramite un loro legale di fiducia; pertanto, occorre essere tempestivi»

Viviana afferrò il portafoglio dentro la borsa e disse: «Ora ti lascio un acconto»

L'avvocato le bloccò il braccio con la mano e rispose: «Ci conosciamo da una vita, per ora non voglio nulla. Ci sentiamo domani»

«Ok, a domani!» rispose Viviana

In centrale giunsero anche i genitori di Viviana che la confortarono dicendole che avrebbero pagato loro la parcella dell'avvocato. Il mattino dopo, a scuola, gli alunni posarono sul banco di Nina un mazzolino di rose bianche. Miriam si presentò in centrale per dare la propria versione dei fatti. La famiglia Reda si rivolse ad un avvocato penalista, mentre Alfredo fu posto in custodia cautelare. Il procuratore generale firmò l'autorizzazione per le esequie di Nina a cui parteciparono, oltre ai parenti, anche gli insegnanti e gli alunni del liceo. Nel momento in cui la bara fu calata nella fossa, il padre scoppiò a piangere, mentre la mamma fu colta da malore. Una settimana dopo, ci fu la prima udienza del processo.

L'avvocato dell'accusa chiamò al banco dei testimoni l'amica di Nina. «Signorina Celato Miriam da quanto tempo conosceva Reda Nina?»

«Da molti anni. Lei amava studiare e mi aiutava spesso con i compiti»

«Nina era solita farle delle confidenze?»

«Sì, se vedevo Nina preoccupata o distante, la invitavo a parlare»

L'avvocato si toccò il nodo della cravatta poi le domandò: «Quand'è l'ultima volta che l'ha vista preoccupata?»

«La tristezza di Nina durava ormai da qualche settimana. Spesso non veniva a scuola e quando sedeva al banco, non seguiva le lezioni; perciò, un pomeriggio passai da lei per chiederle cos'è che la stava turbando. Lei mi raccontò di aver fatto sesso con un alunno che noi consideravamo un bullo»

«Signorina Celato riconosce quel ragazzo tra i presenti?»

«Sì!»

«Può indicare alla Corte di chi si tratta?»

Miriam si alzò in piedi, puntò l'indice verso il colpevole e urlò: «É lui! É Giori Alfredo!»

La testimone crollò a sedere piangendo, mentre un addetto le portò un bicchiere d'acqua. L'avvocato prese la parola dicendo: «Non ho altre domande da porre alla testimone»

L'avvocato Ruzza s'alzò in piedi, s'avvicinò al banco e rivolgendosi a Miriam domandò: «Signorina Celato, poco fa lei ha detto che a scuola avevate etichettato come "bullo" il signor Giori Alfredo; orbene, può spiegare ai presenti, perché lo avevate battezzato in codesto modo?»

«Spaventava gli alunni con un coltellino tascabile oppure faceva degli scherzi di pessimo gusto che potevano avere degli effetti collaterali. Io stessa lo evitavo perché avevo paura»

«Quando vi mostrava il coltellino faceva dei gesti come se volesse tagliarvi la gola? Ha mai ferito nessuno?»

«No, questo no!»

«Voi tutti avete delle famiglie solide alle spalle, mentre Giori è figlio di due conviventi che si sono lasciati. Il padre ha un tipo di insegnamento, mentre la madre un altro...»

«Mi oppongo! Non dobbiamo trovare delle scusanti all'atto commesso dall'imputato» esclamò l'accusa

«Opposizione respinta! Vada pure avanti, avvocato Ruzza» disse il Giudice

L'avvocato annuì e quindi continuò dicendo: «Il coltellino glielaveva regalato suo padre e supponiamo per un istante, che lui ve lo volesse mostrare solo per non sentirsi inferiore rispetto a tutti voi. Signorina Celato in questo caso, cambierebbe il suo modo di considerare Giori Alfredo? Intendo dire, non più come un bullo ma come un ragazzo complessato che cerca di emergere dalla solitudine e dalla tristezza per non aver avuto una famiglia unita come altri ragazzi?»

«Sì, ammetto che la cosa vista da questa angolazione, assume dei toni diversi»

«Con questo, sia ben chiaro, non voglio scusare il suo comportamento, ma soltanto attirare la vostra attenzione sull'infanzia tribolata di questo ragazzo. Alfredo viveva in due case differenti, con metodi d'insegnamento diversi e a monte, il forte trauma subito da piccolo. In seguito alla separazione dei suoi, Alfredo subì uno choc e degli psicologi lo presero in cura»

«Mi oppongo! L'avvocato della difesa vuol farci credere che il suo cliente è un angioletto» disse l'accusa

«Opposizione respinta! Avvocato Ruzza vuol chiarire i suoi concetti?» domandò il Giudice

«Senz'altro, Vostro Onore! Volevo far capire alla signorina e ai presenti, che sovente ci soffermiamo su cosa accade, senza conoscere le cause che hanno indotto il soggetto a compiere determinati fatti»

«Avvocato deve porre altre domande alla teste?» domandò nuovamente il Giudice

L'avvocato annuì e rivolgendosi a Miriam chiese: «Per caso, la sua amica le parlò di FX associato a Giori Alfredo?»

«No, scusi ma chi è FX?»

«FX è un cyberbullo che per denaro, ricattava la sua amica»

«Insomma, un essere spregevole!» commentò Miriam

L'avvocato annuì, poi disse: «Signorina Celato non ho altre domande da porle; quindi, può accomodarsi al posto. Vorrei invece chiamare il padre di Nina»

L'uomo s'alzò dal proprio posto e si accomodò al banco dei testimoni.

«Signor Reda dagli atti risulta che sua figlia ha lasciato una lettera d'addio. Lei ha asserito che è stata scritta da Nina e confermato anche da un nostro esperto calligrafo. All'interno della busta c'erano anche due ricevute del banco dei pegni; per caso, lei e sua moglie avevate avuto sentore dei problemi che affliggevano Nina?»

«Purtroppo, no»

«Com'era il carattere di Nina?»

«Lei era solare e quando tornava da scuola, sembrava un fiume in piena, parlava con entusiasmo delle interrogazioni, del suo futuro e di Miriam»

«Quindi fino al giorno in cui successe la disgrazia, Nina era allegra?»

Il signor Reda si aggiustò gli occhiali da vista sul naso e si schiarì la voce, dopodiché rispose: «No, nei giorni precedenti il suicidio, Nina ostentava una tristezza profonda e scarsa voglia di parlare con noi. Al rientro da scuola, con la scusa di studiare, si rintanava in camera e restava lì fino all'ora dei pasti. Inoltre, ci eravamo accorti che Nina ultimamente era più pallida del solito, non guardava la tivù com'era solita fare e a tavola era silenziosa. Mia moglie le chiese il motivo, ma lei rispose che era preoccupata per le interrogazioni»

L'avvocato Ruzza scosse la testa, quindi replicò dicendo: «Signor Reda se un genitore s'accorge che il proprio figlio è nervoso, pallido, svogliato e troppo silenzioso, deve intervenire perché è facile che quei sintomi nascondano dei problemi ben più gravi. Potrebbe trattarsi di disagio, droga, prostituzione o bullismo e soltanto facendolo parlare, si può evitare che accada l'irreparabile. Nina vi aveva parlato di Giori Alfredo o di FX?»

«No»

«Com'è possibile, che con i problemi per racimolare quattrini, non vi abbia mai accennato nulla?»

«Nina si vergognava e l'ha scritto nella sua ultima lettera» rispose il padre

«Signor Reda se lei fosse stato al posto di sua figlia, ne avrebbe parlato con qualcuno?»

L'uomo sospirò poi con tono affaticato, rispose: «Sì»

«Grazie, ho finito. Vorrei invece interrogare l'imputato Giori Alfredo»

Allorché il ragazzo si spostò al banco degli imputati, nell'aula si udirono dei bisbiglii e il Giudice ristabilì il silenzio, battendo con il martelletto sul dischetto in legno posto sulla sua postazione. «Silenzio o faccio sgomberare l'aula!»

«Signor Giori sapeva dell'appellativo di "bullo" che le avevano affibbiato?

«Sì»

«Che effetto le faceva?»

Alfredo si schiarì la gola e rispose: «Mi sentivo importante e avevano smesso di prendermi in giro come in passato»

«In che modo diventò cyberbullo?»

«L'ispettore lo sa»

«Interessante, ma deve ripeterlo anche a noi»

Alfredo annuì, quindi riprese la parola dicendo: «Volevo aiutare mio padre che se la sta passando male, perché non trova lavoro e ha parecchi debiti; pertanto, decisi che con quei soldi, lui avrebbe migliorato il proprio stile di vita»

Aldo s'alzò in piedi e con le lacrime agli occhi, urlò: «Freddie perché ti sei rovinato la vita per me?»

Il Giudice picchiò con il martelletto e con voce imperiosa tuonò: «Silenzio o dovrò chiederle di lasciare l'aula!»

«Mi dica, se diventò cyberbullo di sua iniziativa, oppure se fu influenzato da qualcuno»

«Non sapevo neppure cosa fosse; fu un certo Roberto incontrato per caso, che non appena seppe che ero bravo a smanettare con il computer, mi propose di diventare un cyberbullo. Lui m' invitò a casa sua, mi insegnò la tecnica e a chi rivolgere le richieste. Lo dovetti persino pagare per quella sua consulenza»

«A questo proposito, l'ispettore Doriani sta cercando di risalire tramite i tabulati telefonici, a quel Roberto che dovrà rendere conto di quanto lei ha riferito»

Alfredo annuì e continuò a prestare attenzione al suo avvocato.

«Signor Giori estorcere del denaro è un grave reato e inoltre, la sua vittima, si è tolta la vita» Alfredo iniziò a singhiozzare e urlando esclamò: «Non volevo! Lo volete capire che non credevo succedesse una cosa così terribile? Chiedo scusa a tutti, anche alla mia famiglia per ciò che ho fatto!»

Alfredo appoggiò il braccio sul montante del banco e iniziò a tremare, scosso dai singhiozzi. Nell'aula si udirono dei fischi e qualche commento ad alta voce, mentre un addetto gli portò un bicchiere in plastica con dell'acqua da bere. Il Giudice picchiò con il martelletto dicendo: «Silenzio! Propongo una pausa di venti minuti!»

Allorché uscirono tutti dall'aula, il legale del giovane gli si avvicinò e in tono meno professionale, disse: «Calmati e ricorda che se crollerai, tua madre non reggerà il colpo. Sto cercando di farti avere una pena inferiore a quanto previsto per i reati che hai commesso. Quando rientreranno tutti in aula, ti farò altre domande e dovrai rispondere senza crisi di pianto come quella di poc'anzi. Non serve a nulla. I genitori di Nina hanno perso una figlia e sono affranti più di te; questo pianto isterico, li fa solo innervosire di più. I Reda non vedono l'ora che tu finisca in carcere. Io medierò, ma devi essere forte anche per tua madre che ti ha sempre sostenuto»

Alfredo lo guardò con occhi tristissimi e rispose: «Va bene!»

Qualche minuto dopo, rientrarono tutti in aula e il dibattimento riprese dal punto dell'interruzione. «Signor Giori può raccontare ai presenti cosa successe tra lei e la signorina Reda Nina?»

Alfredo annuì, si passò una mano tra i capelli quindi volgendo lo sguardo verso i presenti in aula, iniziò a raccontare: «Roberto mi spiegò che dovevo scegliere un soggetto e colpirlo nelle sue debolezze; avvicinai Nina e iniziai a corteggiarla perché sapevo che lei si considerava brutta. La convinsi a indossare un completo intimo e tramite la webcam catturai le immagini che poi usai per ricattarla. Installai una telecamera a casa di mio padre e poi convinsi Nina a venire a letto con me. Lei mi amava e sfruttai l'occasione, per spillarle del denaro. La minacciai di rendere pubbliche quelle foto, così lei metteva i soldi in una busta che lasciava in chiesa. Io ero nascosto dietro una piglia e quando Nina usciva, mettevo in tasca il denaro. Non avrei mai pensato che quella mia terribile azione, l'avrebbe condotta alla morte. Se potessi tornare indietro, non farei più una cosa del genere»

La madre di Nina in lacrime, cercò di soffocare i singhiozzi; s'alzò dal proprio posto e con passo svelto uscì dall'aula. Il marito restò seduto ad ascoltare il resto dell'udienza, ma si voltò a guardare la moglie finché non la vide sparire oltre la grande porta in legno massiccio. L'avvocato della difesa tornò al suo posto, mentre s'avvicinò quello dell'accusa che si rivolse al giovane dicendo: «I pentimenti arrivano sempre in ritardo!»

«Mi oppongo! Vorrei che l'accusa non facesse discorsi teatrali, ma che si basasse sui fatti» ribadì l'avvocato Ruzza

«Opposizione accolta! Avvocato, la prego, si attenga a quanto chiesto dal collega» esortò il Giudice

«D'accordo, Vostro Onore»

In quel momento, Alfredo avvertì un groppo in gola, ma evitò di piangere.

«Signor Giori poco fa ha detto di aver portato a letto la ragazza solo per fotografarla e fare dei filmati finalizzati al ricatto. Quindi possiamo desumere che Reda Nina si sia tolta la vita per i suoi continui ricatti, è così?»

«No, lei era delusa per quell'amore che non le davo. Nina era innamorata di me e credeva di poter cambiare il mio carattere, per trasformarmi in un uomo migliore. Nina sapeva di non essere bella, ma per piacermi voleva mutare aspetto e il vestire. Lei era vergine, ma io oltre a prenderla in giro, l'ho ferita dentro e questo non me lo perdonerò mai»

«Se Nina fosse ancora in vita, la ricatterebbe ancora chiedendole altri soldi?»

Alfredo non rispose subito e nell'aula regnò per qualche secondo, un pesante silenzio. In passato, lui avrebbe mentito, ma la morte di Nina gli aveva fatto capire molte cose.

«Se fosse viva? Forse, o magari sarebbe finito tutto, con una denuncia alla polizia»

«Oooohhhh!» commentò il pubblico

Il giudice picchiò con il martelletto dicendo: «Silenzio, o faccio sgomberare l'aula!»

«Signor Giori cosa provò quando le comunicarono che la signorina Reda si era tolta la vita?»

Il ragazzo con aria malinconica rispose: «Tristezza e sgomento; ciò che ho fatto mi resterà dentro, per sempre! Vorrei il perdono dai genitori di Nina»

«Signor Giori non pensa che la sua affermazione, può essere interpretato dalla Corte come una frase detta per fruire uno sconto di pena?» «Avvocato, sono cambiato e sarà la Corte che dovrà capire se sono sincero; ho sbagliato ed è giusto che io paghi»

«Bene, ho terminato l'interrogatorio!» disse l'accusa

«Avvocato, vuole concludere con l'arringa?»

Alfredo fu accompagnato al posto da un agente, mentre l'uomo di legge annuì e rivolgendosi ai presenti, iniziò l'arringa dicendo: «Signori, abbiamo udito le risposte di Giori che per attingere soldi, esercitò pressioni da cyberbullo su Reda Nina che presa di mira, fu costretta a pagare il silenzio a FX. La Reda decise di togliersi la vita. L'imputato è triste, ma lo sono ancor di più, i genitori di Nina. In questo caso, non ci sono attenuanti, perché l'estorsione di denaro è già un reato, se poi sommiamo la divulgazione di immagini e comportamenti nocivi per l'educazione dei compagni, non posso che chiedere il massimo della pena prevista per i reati di estorsione e istigazione al suicidio. Grazie!»

Il Giudice si rivolse all'avvocato della difesa dicendo: «Avvocato Ruzza ora tocca a lei»

L'uomo s'alzò dalla propria postazione e s'avvicinò al banco dei giurati dicendo: «Il mio assistito, poco fa, avrebbe potuto mentire; invece, si è dichiarato pentito per il gesto compiuto e dovremmo credere alle sue parole. Piuttosto, vorrei attirare la vostra attenzione sul fatto che è figlio di due conviventi separati con un bipolarismo curato per lungo tempo da psicologi specializzati in materia. Vorrei farvi anche riflettere sul fatto che forse quel suo disturbo, non fu curato nel migliore dei modi, così come i suoi stati d'ansia e tutto il resto. Invece che una condanna massima, penso sia utile un periodo di cura presso un'istituzione accreditata affinché guarisca da questa patologia pregressa, per poi scontare un periodo di reclusione. Mi affido pertanto alla vostra clemenza e al vostro senso civico per Giori Alfredo che ha dimostrato la sua difficoltà mentale. Grazie!»

A quel punto, il Giudice e la giuria si ritirarono per deliberare; mentre il pubblico uscì dall'aula e si riversò nel corridoio. Viviana pallida in volto, si rivolse al proprio legale chiedendo: «Che pena daranno ad Alfredo?»

«Mmm, credo dieci anni» rispose Ruzza

Viviana provò la sensazione che il terreno le stesse franando sotto i piedi.

«Dieci anni? Ma è tantissimo!» balbettò la donna

«Consideri che è la pena minore che gli possono dare; se si comporterà bene potrà godere di sconti per buona condotta. Attendiamo che arrivi il verdetto finale della giuria»

Aldo s'avvicinò all'avvocato e puntando l'indice verso di lui, esclamò: «Guardi che mio figlio lo deve far assolvere, capito?»

Ruzza sorrise flebilmente e Aldo s'infuriò.

«Non c'è proprio nulla da ridere!»

«Guardi che non stavo mica ridendo!» rispose Ruzza

«Beh, buon per lei!» concluse Aldo

«Aldo, smettila! Basta con queste tue buffonate! Nostro figlio sta per essere condannato e tu stai qui a fare il giullare, vergognati!»

L'uomo punto sul vivo dalle parole di Viviana, si spostò in un cantuccio del corridoio. L'attesa fu snervante. Due ore dopo, rientrarono tutti in aula e successivamente anche il Giudice e i giurati presero posto nei banchi.

«In piedi, entra la Corte!»

Tutti i presenti si alzarono dai loro posti.

«Seduti! Prego i due avvocati di volersi avvicinare» esortò il Giudice

L'avvocato Ruzza e quello dell'accusa si avvicinarono al banco del Giudice per conferire circa la sentenza appena definita in camera di consiglio. L'avvocato Ruzza annuì, mentre il collega dell'accusa protestò perché voleva una condanna più severa. I due legali furono rimandati al posto mentre il Giudice si rivolse all'imputato dicendo: «Giori Alfredo si alzi in piedi»

Viviana pallida e tremante rivolse un flebile sorriso al figlio. A quel punto il Giudice si voltò verso i giurati chiedendo: «Signori giurati, avete raggiunto un verdetto unanime?»

«Sì, Vostro Onore»

Il giurato che aveva risposto, reggeva in mano una busta che aprì, tirò fuori un foglio dicendo: «Vostro Onore, vorrei dare inizio alla lettura di ciò che è stato deciso all'unanimità»

«Legga pure, ne ha la facoltà»

«Vostro Onore, signori della Corte e avvocati, dopo aver ascoltato le testimonianze e visionato le prove raccolte, al termine delle due ore di camera di consiglio siamo giunti al verdetto finale. Riteniamo il giovane Giori Alfredo colpevole di tentata estorsione e induzione al suicidio nei confronti di Reda Nina; pertanto la pena detentiva risulta essere di anni dodici. Tuttavia, considerando il disagio familiare e mentale del ragazzo, riteniamo di ridurre tale pena ad anni dieci di cui due da trascorrere in una struttura che si occupa di malesseri psichici. Il soggetto potrà vedere i genitori negli orari concordati con il medico curante. Al termine dei due anni nella struttura mentale, se guarito, verrà trasferito nel carcere minorile e al compimento della maggiore età, in quello riservato agli adulti. É richiesto un risarcimento in denaro per i coniugi Reda fissato in euro trentamila; tale somma dovrà essere corrisposta alla famiglia della vittima, entro trenta giorni da oggi»

Al termine della lettura del verdetto, i giornalisti si proiettarono fuori dall'aula per comunicare alle rispettive testate, la sentenza. Il Giudice batté con il martelletto e ad alta voce dichiarò: «Così è deciso, così è scritto! Il caso Giori/Reda s'intende ufficialmente chiuso!»

Alfredo scoppiò a piangere e prima del trasferimento nella struttura sanitaria, abbracciò forte la madre, il padre e i nonni. Viviana crollò a sedere sulla panca e portando le mani alle tempie, scoppiò a piangere. La madre, le sedette accanto e per confortarla disse: «Vedrai che alla fine, Alfredo uscirà dalla prigione prima del tempo per buona condotta»

«Mamma, sono disperata; oltre alla condanna ci sono pure tutti quei soldi da pagare, come farò?»

«Non ti preoccupare, ti aiuteremo noi»

«Mamma, credevo di poter allevare Alfredo all'onor del mondo ed invece ho sbagliato tutto!»

Jessica accarezzò il volto della figlia e guardandola fisso negli occhi, replicò: «Viviana se è per questo, abbiamo sbagliato tutti quanti. Il primo errore l'ho fatto io a suo tempo, tradendo tuo padre; tutto il resto è stato un concatenarsi di situazioni che ci hanno portato a questo. Non serve a nulla recriminare; ma dobbiamo cercare di salvare il salvabile e riflettere sugli errori commessi. Alla fine della condanna tu potrai rivedere Alfredo; mentre i Reda hanno perso Nina per sempre! Ora, basta piangere!»

La figlia si asciugò gli occhi e soffiò il naso, quindi abbracciò la madre dicendo: «Grazie, mamma! Ti voglio tanto bene!»

«Viviana te ne voglio anch'io! Ora prendiamo accordi con l'avvocato dei Reda per saldare il debito»

CAPITOLO VII

ALFREDO DEVE CURARSI

Alfredo subito dopo aver lasciato il tribunale, fu condotto nella struttura che si occupava della cura di malattie mentali. Il complesso, di recente costruzione, con i muri esterni in color avorio, si sviluppava su cinque piani e sorgeva nella parte periferica della città. All'ingresso della struttura, c'era il bancone della reception dove alcune impiegate accoglievano i nuovi arrivati, preparando i documenti necessari per la permanenza e assegnando loro la stanza relativa a quel soggiorno medico. Lungo il corridoio, posto di lato al bancone, c'erano le stanze utilizzate dai vari medici per le visite, le terapie e i colloqui con i pazienti. Al fondo del corridoio c'erano gli ascensori che salivano ai piani superiori dove erano dislocate le varie camere di tipologia diversa in base alla malattia riscontrata. Ogni stanza era dotata di bagno interno. Nei corridoi c'erano degli uomini di sorveglianza che avevano il compito di garantire la sicurezza degli ospiti, ma anche del personale medico. Le porte delle camere venivano chiuse a chiave dall'esterno ed erano dotate di spioncino che veniva sollevato dal personale o dai sorveglianti per controllare ciò che avveniva all'interno. Alfredo Giori era stato affidato all'equipe del dottor Ugo Sarli esperto nel trattamento dei disturbi bipolari. Durante il primo colloquio, il medico spiegò a Viviana, alcune particolarità della cura per il recupero ottimale della salute mentale di Alfredo.

«Dottor Sarli alla reception mi hanno riferito che sarà lei ad occuparsi di mio figlio»

«Sì, infatti! Signora Lodi l'ho convocata qui, per scambiare con lei qualche parola su Alfredo e per spiegarle a quale trattamento intendo sottoporre suo figlio»

«Secondo lei, ce la farà a superare questo periodo?»

«Signora Lodi se devo essere sincero, ho bisogno di sapere da lei alcune cose anche caratteriali di suo figlio. Poco fa mi ha posto una domanda a cui voglio rispondere in modo positivo. Sì, ce la farà, ma solo se creeremo l'esatta sinergia che finora gli è mancata»

«Dottore, cosa intende per sinergia?»

«Vorrei unire le conoscenze del passato di Alfredo con la mia terapia psicologica per portare suo figlio a trovare un equilibrio psichico-fisico; ma ho anche bisogno di capire com'è stata la sua infanzia, quali traumi e paure ha vissuto. Signora Lodi, può darmi una mano in tal senso?»

La donna si aggiustò il foulard che aveva al collo e replicò: «Certo!»

Il medico annuì, quindi tirò fuori dal cassetto della propria scrivania, un blocco per scrivere e una penna stilografica dal rivestimento in radica.

«Le farò delle domande che serviranno per la terapia mentale. Posso cominciare?»

«Sì!»

«Suo figlio le ha mai chiesto il motivo della separazione dal padre?»

«No, non l'ha mai fatto ed io non gliel'ho mai spiegato»

«Signora Lodi quand'è che s'accorse che suo figlio è bipolare?»

«Quando Alfredo iniziò a frequentare la scuola materna, la maestra notò in lui dei bruschi cambi d'umore e inoltre, era la disperazione dell'insegnante. Mia madre mi consigliò di portarlo ad una visita da uno psicologo che diagnosticò il bipolarismo; ma per le cure ne cercammo un altro»

«Oh, bella! Per quale motivo non le proseguì il medico che aveva scoperto il trauma?»

«Quell'uomo non risultò simpatico ad Alfredo. Le sedute dall'altro specialista, proseguirono per parecchio tempo, poi Alfredo parve guarito del tutto. Le elementari, passarono senza traumi, mentre durante le medie, ci furono diversi episodi in cui Alfredo fu preso di mira dai compagni e tornò a casa con dei lividi. Suo padre gli regalò un coltellino e da quel giorno, sembrò più forte di carattere. Fino al giorno in cui il preside del liceo, mi convocò d'urgenza per uno scherzo di pessimo gusto, fatto da Alfredo ad un compagno. Mio figlio gli spostò la sedia e il ragazzo cadde a terra facendosi un po' male; per fortuna quello scherzo non ebbe strascichi gravi»

«In quel caso, sapendo del preside, Alfredo come regì?»

«Mi rispose che quel compagno se l'era voluta. Io lo

castigai, ma il padre lo elogiò per ciò che aveva fatto. Purtroppo il mio ex convivente, ha un metodo educativo molto differente dal mio; questo è sempre stato un vero disastro per Alfredo»

Il medico che stava annotando tutto quello che Viviana gli stava dicendo, nell'udire quest'ultima frase dichiarò: «Mi riprometto di convocare anche il padre di Alfredo. Il suo nome è Giori Aldo vero? Può gentilmente fornirmi il suo indirizzo e il numero di telefono?»

«Sì»

Viviana gli dettò i dati, quindi il medico le domandò: «Può accennarmi brevemente i tratti caratteriali di suo figlio?»

«Per molti anni è stato introverso, piangeva spesso e trascorreva molte ore nella sua cameretta»

«Cosa faceva lì da solo?»

«Disegnava o giocava con la play-station. Lo vedevo triste e cercavo di intrattenerlo, ma non aveva voglia di parlare; perciò, si rintanava nella sua cameretta che per lui rappresentava una sorta di rifugio. Lì perlomeno, non doveva dimostrare niente a nessuno»

«Sì, chiaro! Un complesso di inferiorità rispetto agli altri, generato dall'assenza di un nucleo familiare. Signora Lodi non ha mai pensato di trovarsi un altro compagno?»

«Sì, ma scartai quel pensiero per due motivi: il primo per la paura che mio figlio potesse soffrire nel vedere in casa un uomo che non era il padre; il secondo per la difficoltà di trovare un compagno che si affezionasse ad un figlio non suo. Parlando di paura, Alfredo vide varie volte la polizia in casa mia, mandata da Aldo e poi sentì per telefono i nostri bisticci e tutte le parolacce offensive che il mio ex era solito pronunciare contro di me. In fondo anche mio figlio, è stato vittima del padre»

«Indubbiamente! Ora com'è il carattere di Alfredo?»

«Estroverso, forse anche troppo!»

Il medico appuntò ogni cosa, poi congedò Viviana dicendo: «Signora Lodi la ringrazio per quanto mi ha raccontato. Appena possibile, farò in modo che lei veda suo figlio nel parlatorio della struttura o nel mio ufficio, ma lo stabilirò in seguito»

Viviana gli tese la mano e nel salutarlo gli disse: «Dottore, sono io che ringrazio lei!»

Il medico le strinse la mano e rispose: «Le chiedo di avere fiducia nei miei metodi e il suo figliolo uscirà da qui, rinato»

Viviana con le lacrime agli occhi, annuì; si congedò dall'uomo e uscì dalla struttura per fare ritorno a casa. Il medico, intanto, telefonò ad Aldo.

«Signor Giori?»

«Sì, lei invece, chi è?»

«Dottor Sarli e mi occupo di curare Alfredo; l'aspetto nel mio ufficio domattina alle nove»

«Perché? Sta curando mio figlio, mica me!»

«Sì, infatti; ma il caso vuole che le debba rivolgere alcune domande importanti»

«Ci sarà anche la mia ex?»

«No, la signora Lodi è già stata qui; ora tocca a lei. A domani!»

Il medico chiuse la chiamata, mentre Aldo fissò come inebetito, il telefono.

«Ma tu guarda che maleducato! Ha chiuso la linea, senza darmi la possibilità di decidere per un altro giorno e non mi ha neanche salutato!»

Il mattino dopo, all'ora stabilita, Aldo si recò nella struttura; al suo arrivo, domandò alcune informazioni alla signorina della reception. Quell'addetta era molto carina e Aldo senza pensarci su, scrisse su un foglio di carta il proprio numero di cellulare, dopodiché consegnò il foglietto alla tipa dicendo: «Ho deciso che sarai tu la prescelta ad uscire con me; questo è il mio numero, chiamami così ci mettiamo d'accordo sull'orario. Intesi?»

Nell'udire quelle parole, la ragazza restò a bocca aperta, mentre con lo sguardo seguì l'uomo fino a che non lo vide sparire al fondo del corridoio. Subito dopo, scoppiò a ridere coinvolgendo anche le altre colleghe di lavoro. Aldo arrivò di fronte alla porta dell'ufficio del dottor Sarli e senza bussare, spalancò l'uscio dicendo: «Sono il papà di Alfredo»

Il medico s'alzò in piedi, gli tese la mano e rispose: «Sono il dottor Sarli, s'accomodi!»

Aldo non gli strinse la mano e s'accomodò sulla sedia

davanti alla scrivania, chiedendo: «Cosa vuole sapere da me?»

Il medico, tirò fuori dal cassetto il blocco e la penna, poi disse: «Mi parli del carattere di suo figlio»

«Oh, bella! Sa che lei è alquanto stravagante?»

«In che senso?»

«Lei è uno strizzacervelli e chiede a me com'è il carattere di Freddie! Non dovrebbe scoprirlo da solo? Allora cosa ha studiato a fare? Ahahahah!»

«Non capisco cosa ci sia di così divertente in ciò che ha detto. Suo figlio ha commesso dei reati, dovrà andare in carcere, lei non ha lavoro e neppure una vita dignitosa e fa degli apprezzamenti sulla mia stimata professione. Si vergogni e risponda alla mia domanda!»

Quel tono imperioso fece arrossire Aldo che replicò: «Alfredo ha sofferto molto per la nostra separazione e se è arrivato a questo punto è per l'educazione sbagliata imposta da Viviana»

Il dottore scrisse ogni cosa, poi domandò: «Signor Giori suo figlio le ha mai chiesto il vero motivo della vostra separazione?»

«Sì, me lo domandò un mese fa e io gli risposi che la colpa era della madre»

«Alfredo come prese questa sua affermazione?»

«Non troppo bene; piangemmo entrambi come due bambini»

«Signor Giori per quale motivo regalò a suo figlio un coltellino?»

«Lui non ha mai avuto stima di sé stesso e si sentiva un debole nei confronti dei compagni che lo prendevano in giro anche per il nome; quel coltellino, riuscì a infondergli più sicurezza e a cambiare atteggiamento»

«Poco fa lei l'ha chiamato Freddie; perché storpia il bel nome di suo figlio?»

Aldo si agitò sulla sedia, facendo "ballare" nervosamente la gamba.

«Vorrei che mio figlio suonasse in una band e se si farà chiamare Freddie il successo sarà assicurato. Freddie è un nome armonico e stiloso, proprio quello giusto per un musicista

di un gruppo rock»
«Se lo dice lei...»

«Certo, chi dovrebbe dirlo? Sono io il padre di Freddie, no?»

Il medico non replicò, restò in silenzio e continuò a scrivere sul blocco. Aldo iniziò a sentirsi a disagio, perciò s'alzò dalla sedia e prese a camminare avanti e indietro per la stanza. Il medico lo guardò di sottecchi e gli ordinò: «Signor Giori mi sta facendo venire mal di testa, torni a sedere!»

L'uomo obbedì, quindi esclamò: «Voglio vedere Freddie»

«Sì, ma non ora; lo stabilirò io quando lo potrà vedere»

Aldo s'alzò di scatto e battendo una mano sulla scrivania, ribatté: «Scusi ma lei chi è per dirmi se posso o no vedere Freddie?»

Il medico s'alzò di scatto dalla sedia, e in tono irato, replicò: «Sono colui che lo curerà; pertanto, esigo rispetto da lei, chiaro?»

Subito dopo, il dottore si diresse verso la porta, la spalancò dicendo: «Signor Giori esca da questa stanza!»

Aldo gli passò accanto e lo guardò in cagnesco, il medico richiuse la porta e mormorò: «Maleducato! Gli devo curare il figlio e viene qui a sfottere! Come ha fatto la signora Lodi a mettersi con un tipo simile?»

L'uomo ritornò alla propria scrivania e riguardò gli appunti presi. Il mattino dopo, Sarli afferrò il telefono e compose il numero dell'addetto del primo piano.

«Buongiorno, sono Sarli. Vorrei vedere il paziente Giori Alfredo»

«Lo porto nel suo studio, immediatamente!»

Pochi minuti dopo, Alfredo entrò nello studio del medico. Come tutti gli altri ospiti della struttura, indossava una tuta in cotone grigio e delle pantofole chiuse, senza lacci. Lo sguardo del giovane, era smarrito e privo di emozioni. Il medico si alzò in piedi e gli tese la mano, dicendo: «Alfredo sono il dottor Sarli e mi prenderò cura di te»

Lui gli strinse la mano e rispose: «Buongiorno! Una bella fortuna che mi abbiano affidato a lei»

Il medico sorrise, quindi gli indicò la poltrona reclinabile che usava per la psicanalisi ai pazienti. «Alfredo ti va di

accomodarti lì? Vorrei fare due chiacchiere con te»
Lui obbedì mentre Sarli riprese a parlare dicendo: «Il programma vero e proprio lo inizieremo domani; ora invece vorrei cercare di capire che tipo sei. Hai presente i discorsi che di solito si fanno con gli amici mentre si sta seduti ad un tavolino del bar?»

Il ragazzo scosse il capo e replicò: «Non saprei, non ho mai avuto degli amici»

«Non hai amici? Peccato, ti sei perso qualcosa d'importante. Ora però ci sono io. Alfredo vorrei che mi considerassi un amico piuttosto che un medico. Ti va di fare questo esperimento?»

«Sì, certo!»

«Bene. Durante i nostri colloqui prenderò qualche appunto che ci serviranno in un secondo tempo. Non devi preoccuparti di nulla, ma devi pensare che tutto quello che dirò o gli esercizi che via via ti assegnerò, ti saranno utili per superare questo momento un po' buio della tua vita. Cominciamo?»

Il ragazzo fece un cenno affermativo con la testa.

«Alfredo dimmi cosa ti manca di più in questo momento»

«La libertà e la famiglia»

«Se tu fossi libero, cosa vorresti fare?»

Il ragazzo sorrise flebilmente, quindi rispose: «Dottore, vuol sapere una cosa buffa? Prima che succedesse il fatto, volevo interrompere gli studi, mentre ora li vorrei continuare. Non le sembra un paradosso?»

«Affatto! Se un uccellino nasce e vive in gabbia, non cercherà mai di varcare la porticina per provare a volare nel cielo; ma se quello stesso uccellino nasce all'aperto e poi viene ingabbiato, alla prima occasione, cercherà di volare nuovamente all'aperto. Ciò che voglio dirti è che se tu fossi stato sempre libero, non avresti apprezzato le cose che facevi, ma ora che ti sono state tolte, ti mancano; ed è giusto che sia così, credimi!»

«Dottore, mi è venuta un'idea; lei crede che potrò frequentare dei corsi pur essendo in prigione?»

«Ma certamente! Se non sbaglio, stavi frequentando la prima classe del liceo linguistico, vero?»

«Sì»

«Naturalmente dovrai prima terminare il liceo e poi capire l'orientamento da prendere»

Il ragazzo annuì.

«Alfredo per oggi la seduta termina qui, anche perché non vorrei appesantire troppo i tuoi pensieri. Domattina intendo iniziare con la psicologia per approfondire la tua vita di relazioni con l'esterno, capire i tuoi sentimenti e studiare il tuo comportamento nei confronti degli altri. Ci aspetta un duro lavoro, ma sono certo che alla fine del tuo percorso, ritroverai la fiducia in te stesso»

«Dottore, la prego...mi aiuti!»

L'uomo gli appoggiò una mano sulla spalla ed esclamò: «E' quello che intendo fare. Giovanotto, ci vediamo domattina!»

«A domani, dottor Sarli»

L'addetto che era rimasto seduto fuori dallo studio, prese in consegna Alfredo e lo riportò nella propria camera. Subito dopo quella chiacchierata, il ragazzo si sentì più sollevato. Il mattino dopo, il giovane fu nuovamente condotto in quello studio.

«Alfredo come stai?»

«Meglio. Stanotte sono riuscito a dormire in modo più sereno»

«Sono proprio contento. Alfredo accomodati in poltrona come hai fatto ieri»

Il ragazzo obbedì e il medico riprese a parlare dicendo: «Come ti ho anticipato ieri, voglio iniziare con la psicologia; ora mi accomoderò accanto a te, ti farò delle domande, tu risponderai e le trascriverò sul mio blocco. Al termine, ti lascerò una copia di ciò che ho scritto e quando ritornerai in camera, rileggerai il tutto. Domattina approfondiremo ciò che avrai riletto e sarà tema di discussione. Ora cerca di concentrarti. Resterò in silenzio per qualche minuto e poi partirò con la terapia di psicologia. Se ti fa piacere, puoi socchiudere gli occhi, altrimenti li puoi tenere aperti; la cosa più importante è la piena concentrazione. Ascolta il tuo respiro e il battito del tuo cuore. Ora parto con i minuti di silenzio»

Il ragazzo annuì. Due minuti dopo, il medico assunse un

tono professionale e rivolgendosi al giovane, iniziò quella particolare terapia dicendo: «Alfredo ieri ho avuto modo di ascoltare tua madre. Lei ti ha descritto come un ragazzo affettuoso ma un po' troppo estroverso, poi ha anche aggiunto che sei ben diverso dal bambino timido e piagnucolone del passato. Ora vorrei sapere cos'è successo per trasformarti in bullo e in seguito in cyberbullo?»

Alfredo scosse la testa in modo negativo, quindi, rispose: «In merito alla trasformazione in bullo, francamente, non lo so. Forse ero stufo di essere una vittima dei miei coetanei che di continuo, si burlavano di me»

«Me ne vuoi parlare?»

«Mi sbeffeggiavano per ogni cosa: la mia corporatura robusta, i miei denti non regolari, il mio naso aquilino, ma anche il mio modo di vestire. Quando i miei si separarono, mia madre si trovò in gravi condizioni finanziarie per la mancanza di lavoro e pertanto non poteva comprarmi abiti nuovi. Ogni tanto, i nonni materni mi regalavano magliette o pantaloncini, ma la spesa più grossa la faceva mia madre che per mantenermi gli studi e pagare l'affitto di casa, aveva così tante spese! I miei compagni che avevano alle spalle genitori uniti e con ottimi impieghi, indossavano abiti firmati, mentre io portavo i soliti jeans e le stesse due magliette. Alla sera, mia madre le lavava e al mattino, anche se erano ancora un po' umide, le mettevo per andare a scuola. I miei compagni non capirono la mia situazione familiare, pertanto, continuarono a prendermi in giro per il mio aspetto, per il mio naso, per il vestire e per il nome; canticchiavano in coro, una specie di cantilena: "Alfredo, sei rimasto Al freddo! Ma non hai caldo? No, perché sei rimasto al freddo, ahahah!" Quando lo dissi a mio padre, lui mi rispose che dovevo iniziare a farmi chiamare Freddie dai miei compagni e mi regalò un coltellino a serramanico. Da quando decisi di portarlo a scuola, le cose iniziarono a cambiare un po'. Lo mostrai a tutti quei compagni che fin dalle medie mi prendevano in giro; qualcuno di loro, alla vista della lama, s'impressionò sbiancando in volto. Uno di loro, quello che cercava sempre di mediare su tutto esclamò: "Freddie potremmo farci male; metti via quel coltellino, dai!" Gli diedi

ascolto ma nei giorni seguenti, lo mostrai ancora»
«Quell'oggetto, che tipo di significato aveva per te?»

«Il coltellino mi faceva sentire importante; finalmente potevo tener testa a tutti quei miei coetanei che mi prendevano in giro. Il preside convocò i miei genitori che ovviamente arrivarono in orari diversi»

«Alfredo come la presero i tuoi? Vuoi parlarmene?»

«Mia madre la prese molto male, infatti non appena ritornai a casa da scuola mi sgridò duramente e mi beccai pure una sberla in pieno viso. Nei giorni successivi mi mise in punizione: infatti non potevo giocare con la play-station, niente tivù o radio. Quando nel fine settimana raggiunsi mio padre, si complimentò con me e battendomi una mano sulla spalla mi disse: "Freddie sono molto fiero di te. Finalmente hai mostrato a tutti il tuo temperamento. Inoltre vedo che porti sempre con te il coltellino che ti ho regalato; questo mi fa capire che malgrado abitiamo in case diverse, sono sempre nei tuoi pensieri" Ecco, questo è quello che successe»

«Poco fa hai detto che quel coltellino ti faceva sentire importante, quindi quell'oggetto in che modo influenzò il tuo comportamento verso i tuoi coetanei?»

«A pensarci ora, fu proprio quel coltellino a farmi diventare più prepotente non solo nei confronti di chi frequentava la mia stessa classe, ma anche di altri ragazzi incontrati al parco o in centro. Molti dei miei compagni del liceo, erano gli stessi che avevo avuto anche nelle medie. Naturalmente, feci capire loro che il mio nome si era trasformato in Freddie e tramite l'insegnamento di mio padre. iniziai a vendicarmi di loro, con piccoli scherzi o dispetti»

«Per oggi abbiamo finito, puoi rialzarti dalla poltrona»

Il medico s'avvicinò ad una piccola fotocopiatrice e duplicò i fogli su cui aveva segnato domande e risposte. Non appena Alfredo si alzò in piedi, il dottore gli consegnò le copie di quei fogli dicendo: «Rileggi ciò che mi hai detto e domani ne riparleremo con calma»

«D'accordo. A domani, dottore!»

«Ciao!»

Il mattino successivo, il dottor Sarli sottopose il ragazzo ad altre domande.

«Alfredo stamattina riprenderemo dal punto in cui ieri, abbiamo interrotto il discorso. Rileggi per favore l'ultima frase scritta sulla copia che ti ho lasciato»

Il ragazzo annuì e rilesse la frase.

«Naturalmente, feci capire loro che il mio nome si era trasformato in Freddie e tramite l'insegnamento di mio padre, iniziai a vendicarmi di loro con piccoli scherzi o dispetti»

«Riflettiamo insieme sul fatto che tutto è scaturito dalla tua affermazione "dall'insegnamento di mio padre". Vuoi spiegarmi che tipo d'insegnamento era il suo?»

«Lui voleva che io rispondessi alla violenza verbale o fisica che mi riservavano i miei compagni, nello stesso modo. Mio padre mi ripeteva sempre "occhio per occhio, dente per dente" oppure "se non rispondi a chi hai di fronte, lui è un furbo e tu il deficiente!" e pretendeva che lo mettessi in pratica»

«Alfredo tu eri d'accordo con lui su quel tipo di insegnamento?»

Il ragazzo fece una smorfia con la bocca, poi rispose: «Mmm, a volte sì, mentre altre no»

«Spiegami il motivo di quelle no»

«Perché davo ragione a mia madre che mi diceva di lasciar perdere coloro che parlavano soltanto per ferire le mie debolezze»

«Alfredo vedi delle analogie tra le tue debolezze e quelle di Nina?»

Il ragazzo diventò improvvisamente triste.

«Sì, tutte le persone hanno delle debolezze. Nina si sentiva intrappolata in quel corpo che non apprezzava per le forme e la statura; mentre io mi sentivo debole per il fatto di non avere una famiglia come tutti gli altri. Arrivai al punto di odiare le feste di Natale, di Pasqua e le recite a scuola»

«In che senso, le recite a scuola?»

«Durante quegli eventi, i miei compagni avevano entrambi i genitori. Io invece, avevo sempre solo mia madre o la nonna; ero anche combattuto se seguire il metodo educativo di mia madre o di mio padre»

«Mmm, per ora tralasciamo i due metodi, vorrei che mi

raccontassi quali scherzi o dispetti eri solito fare»

«Mah, ne ho fatti parecchi; le racconto il più pericoloso. Un giorno un mio compagno s'alzò in piedi ed io gli spostai la sedia. Ai tempi delle medie, mi prendeva in giro per la mia voce che definiva "da femmina rauca". Quando lui si mise a sedere, cadde a terra piangendo. Io risi e poi fui convocato in presidenza. A pensarci ora, che vergogna!»

«Tua madre era d'accordo su questa linea di comportamento?»

«No, nel modo più assoluto. Il suo carattere è completamente diverso da quello di mio padre. Mia madre è per lasciar perdere; lei mi ha sempre insegnato le buone maniere e a comportarmi bene con il prossimo»

«Riparlami del tipo d'insegnamento che hai ricevuto, invece, da tuo padre»

«Lui mi ha sempre detto che non si deve far sempre finta di nulla, ma reagire alle provocazioni esterne. Mio padre non ha orari, né padroni e se deve fare rumori corporali come ruttare o altro, lo fa in pubblico, senza remore»

«Ti sembrano buoni insegnamenti?»

«Non saprei. Mio padre ha avuto una vita difficile e quando un po' di tempo fa lo vidi piangere per la prima volta come un bambino, mi resi conto che anche lui, non è così invulnerabile come vuole farmi credere»

Il medico controllò l'orologio al polso e rivolgendosi al ragazzo disse: «Alfredo mi spiace, ma dobbiamo continuare domani. Ora devo dedicarmi alla guarigione di un altro paziente. Aspetta ti faccio la fotocopia dei nostri dialoghi che rileggerai tranquillamente»

Non appena fotocopiò quelle pagine, Sarli le consegnò al ragazzo.

«Grazie, dottore! Sono contento, perché la sua terapia, mi sta aiutando tantissimo!»

«Mi fa piacere. A domani!»

Il giovane annuì e poi si strinsero la mano. Il mattino dopo, mentre Alfredo era seduto in poltrona, Sarli rilesse l'ultima frase del giorno prima.

«Alfredo ieri mi hai detto: "un po' di tempo fa lo vidi

piangere per la prima volta come un bambino, mi resi conto che anche lui, non è così invulnerabile come vuole farmi credere." Tu sai per quale motivo stava piangendo?»

«Per mia madre»

«Spiegati meglio»

«Lui è sempre stato innamorato di mia madre e quando lei se ne andò portandomi con sé, mio padre per starle vicino, lasciò l'alloggio di Follonica per venire ad abitare a Grosseto»

«Come mai tua madre lo lasciò?»

Alfredo alzò le spalle.

«Boh, penso per la differenza di carattere e di vedute. Quand'ero piccolo, li sentivo litigare spesso»

«Se un giorno tu avessi un figlio, lo alleveresti con il metodo materno o con quello paterno?»

Alfredo si massaggiò il mento, quindi rispose: «Con un metodo tutto mio; una via di mezzo tra quelli usati da loro due»

«Alfredo, cosa successe in seguito?»

«Alcuni genitori dei ragazzi che prendevo di mira per strada, riuscirono a capire che scuola frequentavo; pertanto, si rivolsero al preside per segnalare gli episodi in cui i loro figli, secondo loro, erano stati da me bullizzati»

«A tuo parere, perché quei ragazzi non trovarono il coraggio per risolvere tutto da soli?»

«Credo dipenda dal fatto che i genitori accompagnano in macchina ovunque i loro figli e per questo motivo, hanno perso la voglia e l'istinto di reagire da soli ai vari torti subiti. All'inizio ero anch'io così. Mia madre, durante le elementari, mi veniva a prendere da scuola, ripetendomi sempre di non rispondere alle offese che mi rivolgevano. Durante le medie qualcosa mutò: la mia voce "da femmina rauca" si trasformò, mia madre trovò un lavoro stabile, mentre mio padre m'insegnò ad essere più incisivo cercando la forza, nelle insicurezze degli altri»

«Riassumendo, sono questi i motivi della tua trasformazione da vittima a carnefice, è così?»

«Penso di sì, ma, se potessi tornare indietro, mi comporterei diversamente. Sono veramente dispiaciuto che Nina si sia tolta la vita, per colpa mia»

Alfredo si prese la testa tra le mani e scoppiò a piangere. Lo psicologo, gli versò un po' d'acqua in un bicchiere e glielo porse. Il giovane bevve qualche sorsata e non appena si calmò, Sarli gli chiese: «Alfredo parlami di Reda Nina»

Il ragazzo con un groppo in gola, deglutì un po' di saliva, si soffiò il naso e con gli occhi arrossati dal pianto, rispose: «Nina studiava nella classe accanto alla mia. Noi due ci incontravamo nel corridoio o sulla balconata durante l'intervallo tra le lezioni. Lei mangiava una brioche e mentre l'addentava, mi guardava di sottecchi. Capii che le piacevo; però Nina non era il mio tipo. A me piacciono le ragazze alte, snelle e dai lunghi capelli, mentre lei era l'opposto: bassa di statura, capelli cortissimi, sfilacciati e poi era molto in carne»

«Mi vuoi dire cosa successe?»

Alfredo annuì con un velo di tristezza nello sguardo.

«Però mi vergogno un po'»

«Coraggio, ti voglio aiutare; fai finta di essere in questa stanza da solo e di parlare a voce alta»

Alfredo annuì, fissò un punto del pavimento e iniziò a raccontare.

«Decisi che Nina era la persona giusta da spennare; lei era la classica ragazza vogliosa ma un po' bruttina che per amore avrebbe fatto qualsiasi cosa. Un mattino nell'intervallo, mi avvicinai e le domandai il numero di cellulare. Ricordo ancora quel suo sguardo gioioso e meravigliato. Nina mi chiese il motivo di quella richiesta, io scrollai le spalle e con un sorriso le risposi che era per amicizia su un social. Lei si rilassò e ci scambiammo i numeri»

Sarli gli versò ancora acqua nel bicchiere che porse ad Alfredo domandando: «Quando arrivarono i primi sensi di colpa?»

Alfredo bevve a piccoli sorsi e rispose: «Allorché si commette un'azione cattiva verso qualcuno, i sensi di colpa sono sempre presenti. Un conto è mostrare un coltellino, un altro è minacciare una ragazza. Una volta intrapreso quel percorso, non riuscii a fare un passo indietro. Lei era istruita e gentile, ma non era il tipo che volevo come fidanzata; invece, la illusi e da lì iniziarono i sensi di colpa. Il denaro mi allettava, quindi proseguii quel percorso di menzogne e ricatti. Ho maledetto il momento in cui ho incontrato quel Roberto perché se non fosse successo, lei ora sarebbe ancora viva»

«Parlami del carattere di Nina»

Sulle labbra del giovane, comparve un flebile sorriso.

«Nina era sempre pronta a scusarmi; voleva cambiare il mio carattere e farmi diventare buono come lei. Sono stato molto malvagio nei suoi confronti e vuol sapere cosa penso? Forse era veramente la ragazza giusta per me. Magari accanto a lei avrei potuto diventare ciò che non sono. Se solo potessi riparare al male che le ho fatto!»

«Alfredo purtroppo il passato non si può cambiare a nostro piacimento, questa è la realtà che dobbiamo accettare»

«Ma se una persona sbaglia, dovrà portare il peso di quell'errore sulle spalle, per tutta la vita?»

«Sì. Alcuni errori sono irreparabili e possono condizionare il resto della vita. Dobbiamo capire da soli e per tempo, cos'è bene e cosa invece è deleterio per noi e per gli altri; prima di agire, occorre ponderare bene le scelte che dobbiamo fare, per evitare di incorrere in problemi più grandi di noi. Se tu non avessi agito così, Nina sarebbe viva, tu non dovresti scontare la tua pena e i tuoi genitori sarebbero più sereni. Questa è la realtà dei fatti»

«Allora la mia anima sarà dannata per sempre?»

«Dipende da te e la scelta è solo tua. Alfredo o cercherai di cambiare, oppure una volta fuori dal carcere, tornerai ad essere un cyberbullo»

Alfredo afferrò con forza le mani del medico e con le lacrime agli occhi, lo supplicò: «Dottore, la prego mi aiuti! Voglio ritornare a vivere, ma in modo diverso. La prego, mi dia la forza per ritrovare il vero Alfredo...quel bambino un po' introverso che mai avrebbe fatto del male a qualcuno»

Il dottore nell'udire quelle parole si commosse, quindi gli rispose: «Ciò che mi hai appena detto, è un segno del cambiamento che vuoi operare dentro di te. Ti darò una mano affinché tu possa ritrovare l'equilibrio nella tua mente»

«Grazie!»

«Domani ti sottoporrò a dei test che mi aiuteranno a capire come poter lavorare su di te. Alfredo sono convinto che da questa brutta storia, ne uscirai vincente»

Il ragazzo gli sorrise. Il mattino dopo, il medico sottopose Alfredo a dei test per capire se oltre alla psicologia, doveva procedere con sedute di psicoanalisi.

«Alfredo ho notato la tua voglia di cambiare, ma per curare al meglio la tua mente ti devo sottoporre alla psicoanalisi. Questa terapia è stata inventata nel secolo scorso, da Sigmund Freud. Non è null'altro che una psicologia del profondo con un'introspezione di ciò che abbiamo rimosso in modo non definitivo dalla psiche»

«Caspita, mi spiega di cosa si tratta?»

«Sì, certo! Ad ognuno di noi, sono accaduti fatti spiacevoli sia nell'infanzia, sia in età adulta; siccome ci hanno fatto soffrire, non li vogliamo ricordare quindi li rimuoviamo in modo provvisorio dalle nostre coscienze»

«Che significa in modo provvisorio?»

«I gesti, i sapori, gli odori, le musiche, le sensazioni, i sentimenti di odio o d'amore e ogni altra cosa che facciamo, sono registrati dal nostro cervello e restano lì a vita. Immagina che il nostro cervello sia una grande biblioteca con tanti libri dove in ognuno, sono riportate le informazioni che ogni giorno accumuliamo. Se durante la giornata, un individuo cita un colore, oppure ascoltiamo un disco, ecco che il libro dove sono riposti questi ricordi, si apre alla pagina relativa al colore o alla musica. Come puoi capire anche tu, basta poco per rivivere con "gli occhi della mente" un determinato momento. Se decidiamo di rimuovere un ricordo o qualcosa che ci ha fatto star male, non riusciamo a rimuoverlo del tutto, ma resterà una traccia in uno dei libri della nostra biblioteca che come abbiamo detto poco fa, è il nostro cervello. Se ora non cercherò di ripescare i tuoi ricordi dolorosi magari dell'infanzia, per tentare di capire a fondo le cause del tuo dispiacere, lascerò quei momenti brutti nella tua biblioteca e alla lunga, continuerà a generare altro dolore dentro di te. I ricordi spiacevoli vanno rivisti e curati. Alla fine della terapia, penserai a quel ricordo in modo differente, rielaborando il dolore in un altro modo»

«Dottor Sarli credo di aver capito; ma può farmi un piccolo esempio esplicativo?»

«Certo! Mi hai detto che nell'infanzia hai assistito a delle liti tra i tuoi genitori e hai patito per la loro separazione. Sicuramente quel tuo patimento ti è rimasto dentro e vedendo i tuoi litigare di continuo, non hai avuto altri esempi d'amore e di armonia familiare. Questo può aver minato il tuo comportamento verso gli altri, così non sei riuscito a socializzare con amici e compagni di scuola; nemmeno il tuo approccio iniziale con Nina non è stato d'amicizia. Se lo psicologo che ti ha seguito nell'adolescenza ti avesse spiegato di rielaborare la separazione dei tuoi genitori, ora probabilmente, non saresti qui. Secondo te, è preferibile che due persone che litigano spesso, si separino o che continuino a stare insieme litigando sempre?»

«Dottore, ha ragione lei; se due non vanno d'accordo è preferibile che si lascino»

«Alfredo da domani proveremo a rielaborare le tue negatività e i tuoi sensi di colpa per poter curare i tuoi malesseri e ristabilire un miglior approccio nei confronti degli altri»

«In cosa consisterà il suo lavoro?»

«Alfredo ti sottoporrò ad una serie di associazioni di idee, analizzerò i tuoi sogni, il transfert e il tuo atteggiamento emotivo in generale. In ultimo, dovrò lavorare anche sulla tua autostima. Per fare tutto questo, ho bisogno di sapere se hai fiducia nei miei metodi di cura; pensaci bene prima di rispondere perché è molto importante»

Il ragazzo gli sorrise.

«Sì, mi fido di lei!»

«Bene. Allora, ci vediamo domani!»

Il giorno dopo, il medico tramite un pulsante fece reclinare completamente la poltrona su cui si era sistemato Alfredo; quest'ultimo nel ritrovarsi sdraiato con un sorrisino commentò: «Ehi, ma così mi viene voglia di dormire!»

«Ahahah! No, voglio semplicemente farti rilassare il più possibile. Oggi intendo provare la tecnica del transfert»

«Cos'è?»

«E' uno studio che farò anche per verificare se il complesso di Edipo è stato rimosso correttamente dentro di te e controllerò che la competizione o il rifiuto che hai nutrito verso tuo padre, in seguito al tuo amore nei confronti della mamma, si siano risolti in modo spontaneo e non abbiano lasciato strascichi di nessun genere. Il fenomeno è legato all'identità sessuale; è naturale che avvenga e deve risolversi spontaneamente con l'identificazione del ruolo che il bambino occupa tra i due sessi genitoriali. A quel punto, non devono più sussistere amori infantili verso uno dei genitori, con un atteggiamento di ambivalenza di desiderio di morte e sostituzione del genitore dello stesso sesso o la voglia di possesso nel genitore del sesso opposto. Purtroppo, si sono verificati dei casi in cui questa identificazione del ruolo, non si è conclusa in modo corretto e ha generato conflitti emotivi e sensi di colpa. Durante il periodo adolescenziale, i due conflitti possono essere vissuti in modo negativo, scatenando anche dei traumi sessuali. Il desiderio incestuoso potrebbe essere per certo, la prima causa di eventuali nevrosi. Nello sviluppo di un adolescente maschio, il superamento del "complesso di Edipo" è una delle tappe fondamentali per costruire una struttura solida della personalità caratteriale. Per quanto riguarda invece le bambine, viene usato il termine di "complesso di Elettra"; si tratta di competizione e anche gelosia che le figlie provano nei riguardi della propria madre, con relativo interesse morboso e amoroso verso il padre. Ad ogni modo per il superamento di ambedue i complessi sono utili sia le tappe evolutive, sia il modo in cui i due genitori consolidano il rapporto con i figli. Questa naturalmente è solo una premessa per farti capire cosa significano i due complessi. Alfredo ora voglio che tu mi risponda sinceramente; nel periodo in cui i tuoi litigavano in continuazione, hai mai desiderato sostituirti a tuo padre o addirittura di entrare in competizione con lui, per primeggiare di fronte a tua madre? Pensaci bene prima di rispondere, è molto importante»

Alfredo rimase un attimo in silenzio poi ammise: «Dottore, le sue parole mi hanno riportato a due periodi della mia infanzia. Il primo è quello in cui ho odiato mio padre perché insultava sempre mia madre; a volte, lei aveva dei lividi sul volto e sulle braccia»

«La picchiava?»

«Sì, ma lo capii crescendo. Comunque, quando vedevo piangere mia madre, desideravo che lui sparisse per sempre»

«Invece il secondo ricordo?»

«Mi vergogno un po' a parlarne»

«Alfredo non vergognarti, sono qui per aiutarti a guarire. Racconta, dai!»

«Va bene, dottore. Si tratta del fatto che una notte, feci un brutto sogno e urlai; la mamma per consolarmi, mi portò a dormire nel suo letto. Restai abbracciato a lei quasi fino al mattino. Da quella volta, tutte le notti mi coricavo nel suo letto dal materasso morbido, con le lenzuola che odoravano di sapone di Marsiglia. In quei momenti, mi sentivo il bambino più felice della terra. Mi rannicchiavo contro di lei, percepivo il calore e il profumo della sua pelle e questo mi faceva stare bene. Allora ero un bambino, vivevo con mia madre ma trascorrevo ogni fine settimana a casa di mio padre. Avevo bisogno, più che altro, di affetto e vedendo mia madre sempre così triste e sola, sentivo quasi il dovere di consolarla. Dottore, riesce a capire le sensazioni che stavo provando dentro di me?»

«Perfettamente! Poi che successe?»

«Una notte, mentre stavo dormendo nel suo letto, mi svegliai e cominciai ad accarezzarla e a riempirla di baci; lei si svegliò di colpo, accese la luce sul comodino e guardandomi in modo strano, mi disse: "Alfredo che stai facendo? Sono tua madre. Ora ti rimetto nel tuo letto." Arrossii e non le risposi»

«Posso immaginare come ti sei sentito, ma vorrei che me lo dicessi tu»

«Provai tanta vergogna per quell'eccitazione che sentivo addosso, ma anche perché avevo "toccato" mia madre»

«Poi che successe?»

«Il giorno dopo, non riuscii a guardarla in volto e lei mi disse che ero suo figlio e che dovevo rientrare nei ranghi. Da quel momento, mi portò da uno psicologo»

«Lui ti fece le stesse mie domande?»

«No, cercò di curare il mio bipolarismo e basta»

«Quel medico riuscì nel suo intento?»

«Solo parzialmente»

«Alfredo per oggi abbiamo terminato, riprenderemo il

discorso domani. Ciao!»

Il ragazzo s'alzò dalla poltrona ed uscì dallo studio per essere ricondotto nella propria camera. Nel frattempo, Sarli telefonò alla madre di Alfredo proponendole per il giorno dopo, un incontro con il figlio. La donna accettò di buon grado. Il mattino successivo, Viviana entrò nello studio del dottore. Poco dopo arrivò Alfredo e si commosse nel vedere che lì dentro, c'era sua madre. I due si abbracciarono. La donna si staccò dalla stretta e guardando in volto il figlio, disse: «Alfredo ti trovo un po' dimagrito; forse non mangi abbastanza o il cibo non è di tuo gradimento»

«No, mamma qui si mangia bene; credo dipenda dal fatto che faccio un po' di flessioni in camera»

«Ah, ecco! Alfredo il dottor Sarli mi ha detto che stai facendo dei bei progressi e che segui i suoi consigli.»

«Sì, è vero! Mamma, voglio cambiare e intendo farlo principalmente per me, ma anche per tutta la famiglia. Desidero che tu possa camminare in mezzo alla gente, a testa alta e senza più doverti vergognare di me. Inoltre, intendo proseguire negli studi»

«Alfredo tutte queste belle cose che dici, mi rendono felice»

Viviana accarezzò il volto del figlio e aggiunse: «Alfredo ti voglio tanto bene!»

«Mamma, anch'io! Vedrai che riuscirò a farmi perdonare per quello che ho fatto e un giorno sarai fiera di me»

Sarli fece un cenno alla donna che abbracciò il figlio e si congedò da entrambi; l'uomo però, la bloccò dicendo: «Signora Lodi non vada via subito, ma attenda nella sala d'aspetto qui a fianco perché le devo parlare»

«Va bene, ciao, Alfredo!»

«Ciao, mamma; torna presto a trovarmi!»

Non appena la donna fu uscita dalla stanza, il ragazzo si rivolse al medico dicendo: «Dottor Sarli grazie per avermi dato la possibilità di vedere mia madre. Questa per me, è stata veramente una bella sorpresa!»

«Fa parte della terapia e credo che ti aiuterà a far luce dentro di te»

«Dottore, lei è veramente una brava persona!»

«Guarda che siamo solo all'inizio del tuo percorso, aspetta a dirlo quando avremo finito tutte le terapie del caso»

Il ragazzo sorrise, dopodiché fu ricondotto in camera sua dall'infermiere. Sarli fece rientrare Viviana nel proprio ufficio.

«Signora Lodi, prego...s'accomodi pure!»

La donna sedette sulla poltroncina davanti alla scrivania dell'uomo, chiedendo: «Voleva parlarmi?»

«Sì. Come le ho detto anche per telefono, suo figlio sta facendo grandi progressi; tuttavia, se per lei non è un problema, avrei bisogno di porle alcune domande»

Viviana annuì dicendo: «Sono a sua disposizione»

«Ho notato che lei e il suo ex convivente siete molto diversi caratterialmente e quindi mi può spiegare com'è avvenuto il vostro incontro?»

«Sì, certo! Io sono nata e cresciuta a Grosseto, ma a causa del disaccordo tra mia madre e mio padre, decisi di fuggire da casa e riparai a Follonica dove Aldo abitava insieme alla madre. Quando lo conobbi avevo più che altro bisogno di qualcuno che mi consolasse dopo aver visto una foto di mia madre che baciava un altro uomo; non ero preparata a questa cosa anche perché i miei non mi dissero subito tutta la verità ma lo venni a sapere proprio dall'uomo con cui mia madre aveva avuto una relazione.

Inoltre avevo bisogno di un compagno per sentirmi meno sola e che mi aiutasse a comprendere la disperazione di mio padre»

«Il rapporto tra i suoi genitori ora com'è?»

«Diciamo che mio padre ha steso un velo pietoso sull'accaduto e l'ha fatto principalmente per me. Io sono grata ad entrambi perché mi hanno aiutato quando mio figlio era piccolo e anche ora, hanno pagato di tasca loro, la somma destinata alla famiglia della vittima»

«Alfredo potrebbe aver udito dei battibecchi tra i nonni?»

Viviana rimase in silenzio per qualche secondo, poi spostò con la mano un ciuffo di capelli portandolo dietro l'orecchio, quindi rispose: «Può darsi. Nei primi anni di vita di Alfredo, i miei si rinfacciavano spesso tante cose; ma in seguito non l'hanno più fatto, perché pare che i miei genitori abbiano superato il problema che stava per dividerli»

«Dunque anche questa cosa potrebbe aver influito nella crescita di Alfredo»

Il medico controllò l'orologio al polso, dopodiché si rivolse a Viviana dicendo: «Perbacco, si è fatto tardi. Mi spiace ma devo congedarla per andare a visitare gli altri pazienti»

La donna s'alzò dalla poltroncina, gli porse la mano e si congedò da Sarli. Il mattino dopo, il medico riprese la terapia del transfert.

«Alfredo affinché io possa analizzare il tuo carico emotivo, è necessario che tu abbia piena fiducia nel mio metodo. Tra noi dovrà crearsi, oltre al rapporto di stima, una sorta di buona volontà nell'affrontare certi percorsi. Io dovrò disciplinare le tue emozioni, senza condizionare con le mie idee, i tuoi pensieri. Io sarò un contro/transfert, però dovrò avere la sensazione di poter "sentire" l'esistenza del tuo inconscio. Il mondo interiore denominato "Io" è costituito da una forte coscienza morale stabile che controlla ogni tipo di pulsione e con un sistema di difesa, rimuove ciò che non va bene o che considera eccessivo e nocivo. Dal punto di vista dell'introspezione, il "Sé" è il vero gestore della personalità, della coscienza e della conoscenza di noi stessi. La vera struttura psichica è formata da tre componenti che regolano la coscienza e sono: "Super-Io" associato a "Es" e "Io"»

«Dottore, a suo parere, per ciò che le ho rivelato, la mia struttura psichica è a posto?»

«É ciò che intendo appurare sottoponendoti alle diverse terapie. Il Giudice ha richiesto per te, un periodo di cure adeguate; voglio restituirti al mondo là fuori, in perfetta stabilità emotiva anche perché poi ti aspetta la vita dura del carcere. Alfredo sarà proprio nella struttura carceraria che ti farai "le ossa"»

«Sì, lo credo anch'io!»

«Alfredo ora viviamo al presente. Devi essere cosciente che ricordare significa rivivere una determinata situazione e se sei pronto, inizierei l'introspezione»

«Sì, sono pronto!»

«Durante le sedute, dovrai pensare di essere con una persona a te cara, a cui raccontare malumori, forme di attrazione o di repulsione verso qualcosa che ti ha fatto soffrire. Il processo del transfert agisce sull'inconscio ed è relativo perlopiù al periodo dell'infanzia, in quanto il "Super-Io" attinge dal tuo bagaglio culturale formato dalle informazioni acquisite dai genitori o dagli insegnanti. Raggruppando però, tutti gli insegnamenti comportamentali, può diventare in qualche occasione, anche una censura e creare un senso di oppressione e scontento per il mancato appagamento dei propri desideri. Ora iniziamo veramente, senza perdere altro tempo prezioso»

Il medico prese come al solito il proprio blocco e iniziò a fare le domande che riteneva più opportune, scrivendo sui fogli tutto quello che il giovane gli diceva. Nei giorni successivi, su richiesta di Alfredo, il medico gli procurò un computer portatile e lo iscrisse ad un corso online di lingue organizzato dal Ministero dell'Istruzione. Il ragazzo, contento per essere riuscito a riprendere gli studi, s'impegnò tantissimo. Giorno dopo giorno, le varie terapie del dottor Sarli riuscirono a curare Alfredo; quest'ultimo, poco prima di essere dimesso dalla struttura, chiese di poter parlare con lui.

«Dottor Sarli volevo ringraziarla per tutto quello è riuscito a fare per me; ora mi sento come "rinato a nuova vita"»

Il medico si commosse a quelle parole e replicò: «Che bello sentirtelo dire! Mi raccomando, anche mentre sarai in carcere, continua a studiare e a impegnarti come hai fatto finora. Dal canto mio, ho inviato una mail al direttore della struttura dove andrai. Nel mio scritto, oltre a spiegargli le cure che hai fatto, gli ho chiesto di farti proseguire l'istruzione online tramite il portale che ben conosci»

«Grazie, dottore! Lei resterà sempre nella mia mente»

Il medico rise per smorzare un po' la tristezza che si stava impossessando del ragazzo.

«Ahahah! Buona quest'associazione di idee; uno psicologo che resta dentro la mente, ahahah!»

«Già, ahahahah!»

«Alfredo ti lascio questo mio biglietto; qui sopra ci sono sia il mio telefono, sia l'indirizzo di posta elettronica a cui potrai scrivere. Nel caso tu abbia qualcosa di bello e importante da comunicarmi o semplicemente se vorrai parlare con me, lo potrai fare tranquillamente»

«Dottor Sarli posso abbracciarla?»

L'uomo accolse tra le proprie braccia il giovane. I due rimasero per un po' di tempo così, poi il medico si staccò e lo congedò dicendo: «Ti stanno aspettando, ci sentiamo!»

«Sì, certo! Arrivederci, dottore!»

Dopo due anni di cure e terapie, Alfredo fu costretto a lasciare la struttura del dottor Sarli per entrare nel carcere minorile; lì avrebbe scontato in parte la pena. Infatti, come riportato nel verdetto finale, al compimento del diciottesimo anno d'età, sarebbe stato trasferito in un altro carcere. La madre andò a trovarlo spessissimo, mentre il padre fu meno costante nelle visite, recandosi nelle varie strutture solo saltuariamente. Nel carcere minorile, Alfredo venne a contatto con molte specie di piccoli teppisti o criminali, tutti con tristi storie alle spalle. Il ragazzo però, grazie alla mail del dottor Sarli indirizzata al direttore di quel carcere, riprese a seguire i corsi online di lingue. In cella, Alfredo lesse molti libri, studiò parecchio e continuò a farlo anche quando fu trasferito nel carcere territoriale per adulti. La condotta del ragazzo fu sempre esemplare e tra l'altro, al termine del quinto anno di liceo, superò l'esame e poté iscriversi all'università. Voleva diventare uno psicologo bravo come il dottor Sarli per poter aiutare i ragazzi che si cacciavano involontariamente nei guai e che si ritrovavano nella stessa situazione in cui era finito lui. Scrisse diverse lettere ai genitori di Nina per scusarsi con loro. Ai primi scritti, non risposero ma successivamente, nel vedere la costanza con cui Alfredo inviava loro le missive e nel leggere le parole che usava per cercare di farsi perdonare, la madre di Nina decise di andarlo a trovare in carcere. Fu un incontro molto toccante per entrambi. Durante la visita in parlatorio, Alfredo scoppiò a piangere come un bambino e quando si riebbe dal pianto, spiegò alla donna il motivo per cui intendeva cambiare, ma soprattutto come voleva farlo. Quest'ultima, con il groppo in gola, gli rispose: «La morte di Nina è stata per noi un dolore tremendo. Riflettendo, ho capito che hai colpa solo in parte perché, se mia figlia avesse avuto il coraggio di parlare con noi, le cose sarebbero andate in modo diverso e tu ora non saresti lì, dietro a questo vetro. Alfredo in fondo, sei stato anche tu una vittima. In passato hai tormentato nostra figlia, mentre ora, anche se decidiamo di perdonarti, sarai tu ad essere tormentato dai tuoi sensi di colpa che avrai comunque per tutta la vita. Sappi che noi non vogliamo portarti rancore per rispetto verso Nina, ma anche per ritrovare una certa serenità che abbiamo perso con la sua morte e la tua condanna. Questa brutta disgrazia ci ha segnati dentro, ma nello stesso tempo ha segnato anche te; pertanto, mio marito ed io abbiamo deciso di perdonarti e di voltare pagina definitivamente»

Alfredo con il volto rigato di lacrime, appoggiò una mano al vetro del parlatorio, dicendo: «Signora Reda la ringrazio molto perché queste sue parole mi incentivano a ritrovare me stesso. Ora sto frequentando la scuola all'interno del carcere e non appena otterrò la laurea, cercherò di aiutare soprattutto i ragazzi in difficoltà»

La madre di Nina appoggiò la propria mano in corrispondenza a quella che Alfredo aveva posato dalla sua parte sul vetro ed esclamò: «Alfredo Giori buona vita!»

«Buona vita a lei!»

A quel punto la donna con le lacrime agli occhi, ma con l'animo più leggero, si alzò in piedi, girò i tacchi e uscì da quel luogo. Alfredo grazie alla sua buona condotta, si vide ridurre la pena da scontare e quindi poté uscire dal carcere due anni prima del previsto. Ritirò i propri effetti personali che nel momento del fermo, aveva consegnato all'agente di custodia; quindi, uscì dal pesante portone dove ad attenderlo fuori dal carcere, c'era sua madre. Alfredo corse verso di lei, gettò il borsone ai suoi piedi e buttandole le braccia al collo, esclamò: «Mamma, sapessi quante volte ho pensato a questo momento!»

La donna scoppiò a piangere e in preda all'emozione, rispose: «Figlio mio, che bello poterti stringere di nuovo tra le mie braccia!»

Dopo un lungo abbraccio, Alfredo si rivolse alla madre chiedendo: «Cosa ne dici di andare a bere un buon caffè? Questa è un'altra delle cose che mi sono mancate, là dentro»

La donna annuì.

«La mia macchina è quella Panda rossa parcheggiata là, in fondo alla via»

I due si avviarono e a grandi passi, raggiunsero l'auto; subito dopo essere saliti a bordo, Viviana mise in moto la vettura e si diresse verso la piazza del centro dove c'era una caffetteria molto raffinata in cui era possibile poter sedere all'interno, per parlare in assoluta tranquillità. Appena entrati nel locale, Alfredo si guardò attorno e ammirò gli arredi e gli oggetti da collezione posti sugli scaffali ed esclamò: «Che bello! Mamma, hai fatto proprio bene a portarmi qui!»

«Sì, infatti! Vengo qui spesso soprattutto il sabato mattina a bere il caffè o il cappuccino. Sono contenta che la mia scelta sia di tuo gradimento. Alfredo sai che è la prima volta, che mi fai i complimenti per qualcosa?»

Il figlio la fissò intensamente negli occhi, quindi rispose: «Mamma, sono molto cambiato, sai»

«Sì, lo vedo; sei dimagrito un bel po' e sul volto, hai delle rughe in più che prima non avevi»

Alfredo si batté una mano sul petto dicendo: «Mamma, il vero cambiamento è avvenuto soprattutto dentro di me. Quest'esperienza dolorosa mi ha segnato nell'anima. Non sono sicuro di riuscire a trovare pace per ciò che ho fatto, ma perlomeno ci sto provando»

Viviana accarezzò una guancia al figlio mentre con gli occhi colmi di lacrime, rispose: «In passato, hai compiuto una cattiva azione ma hai pagato con anni di carcere. Ora dovrai fare i conti ogni giorno con la tua coscienza ma credo che per tacitarla, sia necessario fare delle opere di bene agli altri»

«Dici che questo sarà sufficiente?»

«Sì, d'altronde sei cambiato e dopo tanto dolore, senz'altro hai capito che la strada che avevi intrapreso era quella sbagliata»

«Eccome, se l'ho capito!»

In quel momento, arrivò il barista con in mano il vassoio contenente i due cappuccini e i due cornetti alla marmellata che Viviana entrando nel locale, aveva ordinato. L'uomo nel posare quanto richiesto sul tavolino domandò: «Che bell'uomo! Per caso, è suo figlio?»

La donna con sguardo fiero rispose: «Sì»

«Non vorrei sbagliarmi, ma alcuni anni fa, lei mi raccontò che era andato via da Grosseto per motivi di studio, è così?»

Viviana con un sorriso sulle labbra annuì più volte con il capo, quindi rispose: «Sì, infatti! Mio figlio è tornato proprio oggi e per festeggiare l'evento, abbiamo pensato di prendere un caffè nel suo bar»

«Magnifico!» esclamò il barista

«D'altronde, il suo è veramente un bel locale!» aggiunse Viviana

Il barista sorrise contento, quindi rivolgendosi ad Alfredo domandò: «Scusa se ti do del tu, ma potresti essere mio figlio; dimmi, l'hai poi presa quella laurea di cui mi ha parlato tanto tua madre?»

«Sì. É stato un periodo veramente faticoso, ma alla fine, ce l'ho fatta ed ora sono ritornato per rimanere accanto alla mia mamma»

«Signora, se lo lasci dire; lei è proprio fortunata, perché mica tutti i figli sono così premurosi!»

Viviana sorrise e guardando Alfredo rispose: «Sì, è vero; mi ritengo proprio una madre fortunata»

Il barista ritornò al bancone e Viviana si sentì in dovere di spiegare al figlio alcune cose.

«Entrai in questo bar proprio il giorno del tuo fermo in carcere; mentre stavo bevendo il caffè, scoppiai a piangere perché ero triste soprattutto per te, ma ero anche preoccupata per tutti quei soldi che avrei dovuto versare ai coniugi Reda. Il titolare mi chiese cosa mi fosse successo di così grave ed io, per non raccontargli tutto quanto, m'inventai la storia dell'Università lontana da Grosseto. Alfredo forse non ci crederai, ma quel giorno, parlare con quest'uomo, mi diede tanta forza. Lui, pur non sapendo la realtà dei fatti, cercò di rincuorarmi. In quel momento in cui mi pareva che il mondo intero mi fosse crollato addosso, le sue parole, mi aiutarono in qualche modo per superare il profondo sconforto che provavo dentro»

Alfredo commosso per le parole della madre, con il fazzolettino si asciugò alcune lacrime.

«Figlio mio, non piangere; piuttosto, bevi il cappuccino sennò si raffredda»

«Sì, ma dimmi; come hai fatto a pagare tutti quei soldi ai Reda?»

«Sono stata aiutata da nonna Jessica e nonno Pietro; mentre invece la nonna paterna ha subito detto che non poteva e ha anche aggiunto che tu non ti eri mai interessato a lei e quindi, per quel motivo, non avrebbe partecipato alla spesa»

«Mamma, sinceramente mi sembra l'esatto contrario»

«Non ci far caso. Alfredo quello che conta veramente è che siamo riusciti in un modo o nell'altro a chiudere questo debito che avevamo; ora dobbiamo voltare pagina e ricominciare a vivere»

«Sì, certo! Mamma, non ti ringrazierò mai abbastanza per quello che hai fatto per me»

Viviana sorrise beata. Restarono nel locale ancora per un po', poi uscirono per ritornare all'auto parcheggiata poco più in là. Arrivati accanto alla Panda rossa, Alfredo abbracciò la madre dicendo: «Mamma, ti chiedo scusa per quello che è successo e ti prometto che d'ora in poi cercherò di non deluderti come ho fatto in passato. Ti voglio tanto bene!»

«Alfredo caro!»

Poco dopo, mentre i due erano a bordo dell'auto, la donna si rivolse al figlio dicendo: «Alfredo devi comunque volere "bene a te stesso" e credere nelle tue capacità»

«Sì, hai ragione! D'ora in avanti, prenderò come oro colato i tuoi insegnamenti»

Giunti sotto casa, Viviana parcheggiò la vettura e nel momento in cui si ritrovarono sul marciapiede, arrivò Aldo di corsa; quest'ultimo nell'avvicinarsi al figlio, lo chiamò ad alta voce con il solito nomignolo.

«Freddie! Freddie!»

Il figlio lo abbracciò ma replicò duramente a quel nomignolo dicendo: «Papà, ormai Freddie non esiste più!»

«Come non esiste più, sei qui accanto a me, no?»

«Forse non hai capito esattamente ciò che ho inteso dire. Freddie è morto subito dopo la condanna. Papà, da oggi in poi, mi devi chiamare soltanto Alfredo! Basta con questo nomignolo che non significa più nulla e mi fa ricordare solo episodi tristi dell'adolescenza»

Aldo in tono mogio replicò: «Credevo ti piacesse, era un modo tutto mio per coccolarti e poi quando diventerai il leader di un complesso...»

Alfredo scosse la testa più volte dicendo: «Voglio che tu sappia che non suonerò mai in una band, perché mi sono laureato e intendo diventare un bravo psicologo. Se proprio mi vuoi coccolare, allora abbracciami forte, forte! In fondo, anche se sono cresciuto, resto sempre il tuo bambino, no?»

Aldo annuì, quindi abbracciò di nuovo il figlio e rispose: «Ma certo! Sei il mio amato figliolo e sono contento di sentirti parlare così, ma ancor di più, che tu sia ritornato a casa. Alfredo, ti voglio bene!»

«Anch'io, papà!»

I due si abbracciarono. Aldo visibilmente commosso, si asciugò le lacrime con il dorso della mano e gli domandò: «Alfredo domani sera ti aspetto a casa mia per mangiare la pizza oppure patatine e hamburger»

«Papà, domani sera per festeggiare il mio ritorno a casa, ti porterò a mangiare al ristorante»

«Figlio mio, allora per l'occasione, indosserò i jeans nuovi e la maglia blu di lana»

Alfredo sorrise mentre il padre ad alta voce disse: «Viviana sono veramente contento; ti rendi conto che nostro figlio è tornato da noi completamente diverso da prima? In fondo quello strizzacervelli che l'ha curato, ha fatto un buon lavoro. Ora sì che Alfredo è un uomo che sa il fatto suo!»

Viviana sorrise. Aldo dopo averli salutati iniziò a fischiettare e s'allontanò a grandi passi, mentre madre e figlio entrarono nel portone di casa.

Biografia

www.ingramcontent.com/pod-product-compliance
Lightning Source LLC
LaVergne TN
LVHW010102170826
845678LV00012B/2213

* 9 7 8 8 8 3 1 9 6 2 8 2 7 *